Brigitte Vadeleau

Ma vie sur cette terre

Brigitte Vadeleau

Ma vie sur cette terre

Éditions Muse

Cover image: www.ingimage.com

Publisher:
Éditions Muse
is a trademark of
Dodo Books Indian Ocean Ltd., member of the OmniScriptum S.R.L Publishing group
str. A.Russo 15, of. 61, Chisinau-2068, Republic of Moldova Europe
Printed at: see last page
ISBN: 978-620-3-86636-0

MA VIE SUR CETTE TERRE

Mes plus belles années ont été de ma naissance à l'âge de quatorze ans et demi.

Vers cinq ans, j'allais à la plage où à la marée avec mes parents et mes frères, dont mon frère aine s'occuper toujours de moi, j'étais heureuse.

Je profitais de l'air, l'eau, le sable, ramasser les coquillages, c'était ma joie de vivre.

En rentrant le soir, maman avait bu, mais sortait un grand bac pour me laver, car à cette époque, nous n'avions pas de baignoire, ni de douche dans notre maison.

Cette maison ne contenait, qu'une grande chambre, et papa l'avait divisé en deux, pour séparer mes deux grands frères de mes parents.

Moi, j'avais un lit, mais je dormais souvent avec mes parents, j'avais toujours peur, et par cette peur, je faisais pipi au lit toutes les nuits.

Je ne me levais pas dans le noir, car je n'avais pas de lumière auprès de moi.

Un jour, maman m'a inscrite à l'école maternelle, elle avait tous son temps pour elle, pendant que je n'étais pas là, mais moi j'étais heureuse d'y aller, je pouvais jouer, faire du vélo, et surtout j'avais des copains et copines.

Je faisais beaucoup d'activités, c'était la joie en moi.

Au mois de mai, de cette année-là, j'étais comblée, l'école faisait une cavalcade dans la ville, avec l'école primaire, pour la mi-carême.

J’étais heureuse d’y participer, car j’allais passer l’après-midi avec mes frères.

Noël était déguiser en “Charlie Chaplin”, Michel en "militaire" et moi en "petit marin", j’étais fière et heureuse de faire quelque chose d’inhabituel.

L’année suivante, pour la mi-carême, maman avait déguisé mes frères en cow-boys, et moi en indien.

Mes frères ne voulaient pas, arriver à l’école, ils se sont changés, et se sont déguisés en voleurs.

Comme papa était à la maison, je le lui ai dit, comme je rentrais à la maison, avant mes frères.

Papa, en colère, est allé les chercher à l’école, les a ramenés à la maison.

Il les a mis à genoux, sur un manche à balai, les bras en croix, et m’as dit, “tu restes derrière eux, s’ils baissent les bras, tu leur donnes un coup de martinet”.

J’avoue que cela me plaisait, en quelque sorte, je me vengeais, comme c’était les préféraient de maman.

Ce que je fis, mes frères se retournaient par moment, et me disent, “tu verras plus tard, on se vengera”.

Entre l'âge de six à sept ans, on aller souvent chez une sœur à maman se promenait.

Elle habitait environ, à quinze kilomètres de la maison, j'aimais bien y aller aussi, je jouais avec deux cousines, derrière leur maison, dans des blocos (sous-terrain de protection pendant la guerre d’avant).

Quand ma tante, (qui buvait aussi), appelait une de mes cousines,

pour aller au bourg, pour aller acheter des bouteilles de vins, j'aimais bien aller avec elle.
On passait devant une maison, auquel je regardais à travers les buissons, voir si je voyais les garçons qui y habiter.

Il y en avait un qui me plaisait beaucoup.

Je demandais le nom à ma cousine, le prénom, c'était Daniel VADELEAU, et à chaque fois, il fallait que je le regarde, quand je passais devant, c'était plus fort que moi.

A l'âge de sept ans, je vois maman installer un petit lit de bébé à côté d'elle, et j'appris qu'un autre petit frère aller arriver dans notre famille.

Il fallait trouver de la place, pour le mettre dans notre chambre.

Une fois arrivé au monde, maman ne s'occupait que de lui, moi c'était fini.

Quand je rentrée de l'école, car je rentrais avec mes frères, maman ne venait jamais me chercher, il y avait toujours un homme à la maison, qui partait avant que papa rentre de son travail.

Donc, quand papa rentré du travail, c'est lui qui s'occuper de moi.

Quand j'étais en école primaire, c'est lui qui m'aider à faire mes leçons, me donner mon goûter.

Je me souviens, dans cette nouvelle école, un garçon m'a embrassé, je lui ais donner une grande gifle, et je suis partie me cacher dans les toilettes, qui étaient dans la cour de récréation.

Papa m'emmener, tout le temps avec lui, finir la journée auprès de mes grands-parents, paternels ou maternels.

Quand on rentrait le soir, c'était pour manger et aller se coucher.

Maman me mettait une bouillotte dans mon lit, pour éviter que j'ais froid, on n'avait pas de chauffage, et c'est papa qui aller me coucher.
Un jour, papa est rentré plus vite du travail, il n'était pas bien, il à trouver un homme que maman, ayant vu qu'il rentré plus vite, avait caché dans un cagibi.

Papa l'a vu, et là, ça a été un cauchemar.

A cette époque, je ne comprenais pas pourquoi, mais papa s'est mis à gifler ma mère, tellement fort, qu'il lui avait ouvert l'arcade sourcilière, elle perdait beaucoup de sang, j'avais peur.

Ensuite, maman est partie en courant dans l'escalier, pour se cacher là-haut, et dans l'escalier, papa a lancé un couteau vers ma mère, qui heureusement, a atterri sur une rambarde de l'escalier.

Je criais pour qu'il arrête.

Le lendemain, papa est allé voir le médecin, il était malade du cœur, et n'a jamais repris le travail.

J'étais triste que mon papa soit malade, et qu'il prenait des médicaments tous les jours, mais dans un autre sens, j'étais contente, car il était à la maison pour s'occuper de moi.

Depuis ce jour, comme j'étais sa seule fille, il me donnait l'impression d'être tous son univers.

Il s'occupait que de moi, me prenait sur ses genoux, il y avait que moi.

Avec maman, il était plus pareil, toujours en train de se rouspéter, tous les deux.

Il l'a frappée régulièrement, mais malgré ma peur à chaque fois, j'allais le consoler, pour qu'il arrête et se calme, car maman c'était mise à boire, et il n'acceptait pas cela.

Souvent, il me prenait sur ses genoux, et quand il regardait une photo, sur le buffet, il avait une larme qui coulait toujours.

Au bout d'un certain temps, j'ai fini par lui demander, "c'est qui sur la photo".

Il me répond “C'est ton grand frère, mais papa ne le connais pas, c'était avec une autre maman”.

Je voyais qu'il était triste.

Personne n'avait le droit de toucher à cette photo, c'était le seul souvenir, qu'il avait de lui.

J'avais tellement d'amour pour mon père, que je lui obéissais tout le temps.

Quand on sortait ensemble, c'était pour aller chez mes grands-parents, mais je préférais aller chez les parents de mon père, mais où que j'allais, j'étais heureuse, car il ne s'en prenait pas à maman pendant que l'on était parti.

Mon grand-père paternel avait l'air malade, je l'appelais "parrain", il ne parlait pas beaucoup.

Un jour, il est parti, on ne m'a jamais dit pourquoi il était décédé, alors moi dans ma petite tête d'enfant, comme à chaque fois que j'y allée, il mangeait de la soupe, je me suis dit "parrain a été empoisonner avec la soupe".

Et depuis ce jour, je n'ai jamais voulu en remanger.

Ma grand-mère paternelle, que j'appelais " marraine " voyait que j'étais triste de plus voir mon parrain, donc à chaque fois, que j'allais la voir avec papa, elle m'emmenait dans un salon de thé, auprès de chez elle, pour aller goûter, et déguster un bon gâteau.

J'étais heureuse et je l'adorais, car avec elle, j'avais l'amour que je n'avais pas avec ma mère.

Après ce goûter, pendant qu'elle parlait avec papa, j'allais regarder la télévision dans sa salle, et au moment, où il fallait repartir à la maison, je ne voulais pas, enfin si, mais en boudant, car chez nous on n'en avait pas.

Papa n'avait qu'une petite pension, pour faire vivre sa petite famille, moi, mes trois frères et ma mère, mais ont été habituer à cette vie, pour nous c'était normal.

A sept ans et demi, je n'avais toujours pas de jouet, et quand j'allais avec papa chez ma tante, ma cousine avait des poupées et plein d'autres choses.

En réfléchissant, je me suis dit, si je vais à l'hôpital, peut-être que j'aurais une poupée moi aussi.

Donc, je me suis mise à pleurer, et je disais à papa, " j'ai mal au ventre ", celui-ci a pris un rendez-vous avec le docteur, qui dit à papa, " emmenez-la à l'hôpital, c'est peut-être une crise d'appendicite".

Je me disais, chouette je vais à l'hôpital, je vais avoir une poupée.

Mais le chirurgien a dit à mes parents, on peut attendre d'autres crises avant de l'opérer, et je me suis mise à pleurer, et à crier "je veux être opérée, je veux plus avoir mal au ventre".

Donc le chirurgien a dit "on va le faire, ce n'est pas grave, se sera fait".

La joie est revenue en moi, j'avais gagné.

Une fois opérée, j'ai eu ma première poupée, toute petite, vu que c'était une mannequin, mais cela m'était égale, j'avais eu ma poupée.

Par contre, alors que je n'avais jamais eu mal au ventre, après l'opération, là, j'avais vraiment mal, et je voulais rentrée à la maison.

Mais le docteur ne voulait pas, et je suis restée dix jours dans cet hôpital, c'était long.

Ensuite, je suis restée plus d'un mois à la maison, je n'avais pas le droit d'aller à l'école, mais ce n'était pas grave, je pouvais jouer avec ma poupée.

Un jour, papa a voulu nous faire plaisir, mais maman n'a pas voulue venir, donc nous sommes partis, papa, Noël, Michel et moi se promenaient au barrage de Vezin.

C'était pour une fête de pêcheur à la rivière, mon grand frère s'occuper de moi pendant que papa était avec des amis à parler.

J'étais bien, je sortais avec mon père, ailleurs que dans la famille, et j'ai connu ce jour-ci, autre chose, c'était la première fois, car papa n'avait pas d'argent, mais on avait apprécié cette journée, et on comprenait bien que cela ne pouvait pas se faire plus souvent.

Quand on allait chez mes grands-parents maternels, j'étais avec eux, moins affective, je m'ennuyée, mais j'aimais, quand même y allée, car ma grand-mère était paralysée, et je restais auprès d'elle.

Je lui parlais tout le temps, lui rendait service quand elle me demandait quelque chose, comme à boire en exemple, lui donner son plat-bassin, et je me sentais utile pour elle.

Un jour, elle a disparue aussi, je n'ai jamais su pour elle, de quoi, elle était décédée, non plus.

Mon grand-père se retrouvant seul, venait souvent à la maison.

Un jour, il a demandé à papa, si on voulait venir manger chez lui, papa avait accepter pour le soir.

Donc, mon grand-père m'a demandé si je voulais aller avec lui avant, pour l'aider à préparer à mettre la table, je lui ai dit "oui", toute contente de rendre service et de me rendre utile.

Mais ce jour-là, a été un cauchemar pour moi.

Arriver chez lui, il m'a prise dans ses bras, et m'a embrassée, en mettant sa langue dans ma bouche, j'étais dégoûtée.

Je ne l'ai jamais dit à mon père, je ne voulais pas le décevoir, ni à personne d'autre d'ailleurs.

Mais je n'avais plus les mêmes approches avec mon grand-père.

Heureusement, j'avais encore mon autre grand-mère, qui me donnais, un véritable amour pour une petite-fille.

Mais trois ans plus tard, elle me quittait aussi, j'avais dix ans.

Papa a vu, que j'étais désespérée, et il essayer de me consoler au mieux qu'il pouvait, malgré la peine qu'il avait aussi.

D'ailleurs, il n'acceptait pas cette perte, et à acheter une place éternelle, au cimetière, auprès de ses parents, pour avoir l'impression de les avoir toujours auprès de lui.

J'étais malheureuse de plus voir ma grand-mère, et surtout de ne pas avoir eu le droit de l'accompagner dans sa dernière demeure.

On m'avait mise avec mon petit frère chez une voisine.

Mon père voyant que j'étais tout le temps triste de l'avoir perdue, m'a expliquée que l'ont été pas éternel, et que lui aussi, un jour partirait pour l'éternité, qu'il irait retrouver ses parents.

Je ne voulais pas, je l'adorais tellement, savoir que je le perdrais, serait insupportable, ma vie ne serait plus la même sans lui.

D'autant plus que les relations avec ma mère, ne sont jamais revenues comme avant, et dans mon esprit d'enfant, je ne comprenais pas pourquoi papa ne lui pardonnait pas ce qu'elle avait fait longtemps avant.

Il la frappait toujours, mais je l'adorais quand même, malgré que cela me faisait toujours peur, car il était le seul à s'occuper de moi.

Comme papa avait eu en héritage de ses parents, une ferme et des champs, dont il y avait une rivière, dans l'un d'entre eux, papa avait le droit à une carte de pêche à la rivière gratuite.

Donc, pratiquement tous les dimanches, on allait passer la journée à pêcher, c'était super, on sortait, on prenait l'air.

Un jour, papa me demande si je voulais apprendre à pêcher, j'étais heureuse, j'avais une canne à pêche, rien qu'à moi.

On pêchait souvent des anguilles, et quand j'en attraper une, j'appelais papa car je ne voulais pas y toucher, ça ressemblait à des serpents.

J'aimais pêcher, mais je ne voulais pas touchée, ni aux poissons, ni aux vers de terre pour les appâter.

Papa se fâchait toujours après maman en rentrant, comme elle ne venait que très rarement avec nous, elle continuait à boire.

Mais en grandissant, je comprenais un peu plus, maman le trompait, et lui faisait beaucoup de choses, derrière son dos.

Un jour, elle est arrivée à la maison, avec une télévision, elle avait dit à papa, "je l'ai gagnée avec un billet de tombola".

Papa était content, enfin une télévision à la maison, je me disais cela va peut-être aller mieux entre eux.

Mais un jour, l'huissier a frappé à la porte.

Maman avait menti à papa, cette télévision, elle l'avait acheté à crédit, elle avait dit au magasin, qu'elle viendrait lui apporter de l'argent tous les mois, mais comme c'est papa qui avait l'argent, et gérer les comptes, elle n'a jamais rien verser à ce magasin.

Papa a eu une colère terrible.

Maman s'est retrouvée à l'hôpital.

En revenant, elle s'est remise à boire de plus belle, et cela avait empirer les choses entre eux, il l'a supporté plus du tout.

Papa l'avait envoyé dans un centre pour désintoxication, elle avait le droit aux visites, et quand on aller la voir, on aller dans un café, qu'il y avait à l'intérieur du centre.

C'était un café sans alcool, maman avait l'air d'être mieux, mais les médecins ont dit qu'il fallait qu'elle reste un certain temps, pour que cela soit efficace.

Malheureusement, en rentrant à la maison, elle recommençait, c'était plus fort qu'elle.

Elle est repartie refaire une cure, mais pourquoi dans ce centre, on lui donnée toujours du vin, même sans alcool.

C'était normal, qu'elle rechutât une fois revenue à la maison.

Je pense que papa n'a pas divorcer, pour ses quatre enfants, qu'ils avaient eu ensemble, vu que le fils de son premier mariage, il ne le connaissait pas, il ne le voyait jamais, et en était triste.

Donc, pour moi, il a sacrifié son bonheur pour nous garder auprès de lui.

Et voyant que maman ne s'occupait que de mes frères, et pas de moi, je pense qu'il avait peur que je sois malheureuse.

Mes frères étaient plus proches de maman, et moi de papa.

Maman ne s'intéressait jamais à moi.

Comme j'étais une enfant difficile pour manger, papa se privait pour pouvoir m'acheter un steak haché, au boucher, pour que je mange, et en été, il essayait de m'offrir une glace de temps en temps.

Je travaillais bien à l'école, car papa voulait que je sois institutrice, comme sa sœur.

Comme je voulais qu'il soit fier de moi, j'ai tout fait pour ne jamais redoubler, car à cette époque, les redoublements existaient encore.

Et voilà, j'arrive au collège avec un an d'avance à cette époque.

Le mercredi après-midi, depuis l'école primaire, j'allais au catéchisme, j'aimais bien, et cela me permettais d'avoir des copines avec moi, en dehors de l'école, et de la maison.

Et voilà, on arrive au jour de ma grande communion, maman avait louée une grande robe blanche pour ce jour.

Pendant le repas, c'était la tradition dans la famille, on avait le droit d'avoir notre première cigarette, et après on choisissait si on voulait continuer ou pas.

Comme, avec cette cigarette, j'avais l'impression de devenir une grande fille, j'avais dit "oui", et papa m'achetait un paquet de cigarettes par mois, j'étais heureuse, pour moi c'était un cadeau qu'il me donnait tous les mois.

En héritage de ses parents, papa a eu une ferme et des champs qui était louer en fermage, j'aimais bien y allée.

A la saison des foins, je conduisais le tracteur dans les champs, une fois la remorque pleine de foin, on la ramener au hangar de la ferme à l'abri.

Plus d'une fois, arriver à la ferme avec ce foin, papa aller boire un café avec les locataires, avant de vider la remorque.

Maman lui disait "pendant que tu bois ton café, je vais aider leur neveu à ranger le foin dans le grenier".

Moi, j'étais dehors à jouer avec les poules, les canards, et je donnais de l'herbe, que je ramassais, aux lapins dans leur clapiers.

Ensuite, je me promenais dans le terrain.

Un jour, j'ai entendu du bruit dans la grange, je suis entrée dans celle-ci, voir ce qu'il se passait.

Ma mère était encore en train de trompée mon père avec le neveu.

J'ai pleurée, je me demandais, pourquoi elle faisait toujours du mal à papa ?

J'ai toujours gardé ce secret, je ne l'ai jamais dit à mon père, il l'aurait encore frappé, et il aurait été encore plus malheureux.

Mais en voyant le comportement de ma mère, plus les jours passés, plus j'avais l'impression d'avoir de la haine envers elle.

Pourquoi elle faisait du mal à mon père ?

Je ne comprenais pas.

Trois ans plus tard, en janvier 1978, mon deuxième frère voulait se marier, alors qu'il venait de connaître cette fille (qui croyait que l'on avait de l'argent et voulait partir de chez ses parents).

Donc, papa n'ayant pas d'argent, a vendu sa ferme pour offrir un mariage descend à mon frère, il était heureux de marié un de ses enfants.

Je ne savais pas, à ce moment-là, que mon père était gravement malade, en plus de son cœur, et qu'il savait, qu'il aller nous quitter.

Maman avait acheté du tissu, et a été chez une couturière avec moi, pour qu'elle nous fasse, une robe longue (les deux mêmes), pour le mariage de mon frère.

Mon frère s'est marié, papa était heureux ce jour-là.
Plus tard, on est allé chez une tante (sœur de papa), comme on faisait de temps en temps.

Ce que je ne savais pas, c'est que c'était pour racheter le scooter de ma cousine, et me l'offrir, comme j'avais quatorze ans.

J'étais heureuse de rentrer à la maison en scooter, papa me suivait, bien sûr, pour voir si je savais en faire.

Comme il restait de l'argent sur la ferme, papa a acheté une voiture neuve, mais automatique, à ma mère.

Je me disais, papa a changé envers maman c'est bizarre.

Pourquoi ?

Mais c'est mieux.

J'ai trouvé vraiment cela étonnant, car elle avait son permis de conduire, mais elle n'avait jamais eu le droit de toucher aux voitures de mon père.

J'avais beau avoir quatorze ans, mais je ne comprenais toujours pas son changement envers elle.

En fait, il était très malade, et il lui restait que quelques mois à vivre, mais ne le disait pas à ses enfants, enfin peut-être à mes grands frères, mais pas à moi.

Il gardait cela en lui, ainsi que ma mère.

Trois mois plus tard, il est parti à l'hôpital de Caen, à cent kilomètres de notre maison.

Les visites étaient interdites pour moi, j'étais trop jeune pour aller dans ce service.

Comme je pleurais tout le temps, au bout de deux mois, et que papa avait dit, qu'il voulait me voir.
Ma tante m'a emmené, mais m'a dit," tu vas rester dehors, je vais ouvrir la fenêtre, comme il est en bas, et tu pourras voir ton papa par-là, mais n'ai pas peur, il a beaucoup de choses de branché".

J'étais contente, j'allais revoir mon papa.

Mais quand je l'ai vue, j'ai pleuré de joie et de peur en même temps, il était branché de partout, je voulais passer par la fenêtre, et lui faire des bisous, mais l'on m'en à empêcher.

Quand je le regardais par cette fenêtre, je me posais pleins de questions, pourquoi lui ?

Pourquoi on l'avait mis comme ça ?

Pourquoi, il me regardait avec des larmes qui coulaient le long de son visage, et qu'il ne me disait rien ?

Pendant le retour à la maison, ma tante a vu que j'étais très triste, elle a dit à maman "quand on sera rentré, il faut que tu parles à ta fille, tu peux plus attendre pour lui dire la vérité".

Arriver à la maison, maman m'a dit que papa aller revenir chez nous, mais qu'il avait un cancer de l'œsophage, et qu'il n'allait pas être longtemps avec nous, qu'il ne fallait pas que je le fatigue, et qu'il allait partir au ciel pour toujours, qu'il irait rejoindre ses parents.

Je ne voulais rien entendre, ce n'était pas possible, c'est elle qui voulait cela, papa ne me laisserait jamais lui.

On s'aimait trop tous les deux, qu'il n'avait pas le droit de me laisser.

Papa est revenu à la maison à la mi-juin.

Il a dit à maman, "Brigitte a un voyage en Angleterre avec l'école, tu vas payer la somme qu'ils demandent, et tu lui changes vingt francs en monnaie anglaise".

A l'époque, on était encore en franc.

Je disais "non c'est trop cher".

Papa dit à maman "si c'est la dernière chose que je peux lui offrir, va le faire".

Je savais que papa n'avait pas d'argent, pour moi, le principal, c'était qu'il soit revenu, et qu'il soit avec moi.

Le docteur venait le voir tous les jours, jusqu'au 27 juin 1978, ou le docteur a dit à maman, "je vais le mettre sous perfusion, il souffre, et je vais lui mettre de la morphine", "il va bientôt partir".

Le lendemain, le 28 juin 1978, je devais aller en Angleterre avec l'école, je suis descendue en bas voir maman, je lui ai dit "j'ai entendu le docteur hier, je veux rester auprès de papa, je ne veux pas partir", elle m'a répondu "oui si tu veux".

J'ai pris une chaise, je me suis assise auprès de mon père, et je le regardais en retenant mes larmes, mais je ne pouvais pas lui parler.

C'était horrible, j'avais envie de l'embrasser, mais je n'y arrivais pas, j'avais peur de lui faire mal avec sa perfusion.

Pourquoi ?

Pourtant j'aurais voulu lui dire tant de chose.

Dans la matinée, mon grand-père est venu lui faire un adieu.

Il lui a donner une cuillère de calva dans la bouche, car papa adorait boire des grogs (eau chaude avec du calva).

Puis il est parti les larmes aux yeux.

Vu que je pouvais plus voir mon grand-père, après ce qu'il m'avait fait plus jeune, je me disais dans ma tête, pourquoi lui était encore là, alors que mon père, qui était plus jeune s'en aller ?
La vie était injuste avec moi.

Mon frère ainé était en apprentissage en mécanique auto, et avait pris sa journée, mon deuxième frère était à l'armée n'a pas eu le droit de venir le voir.

Maman montée de temps en temps, pour voir comment était papa, et m'avait achetée des chaussettes noires en nylon.

Je n'en avais jamais eu, cela m'a étonnée.
Elle voulait que je les mette aussitôt, devant papa.

Pourquoi ?

Papa était encore là, j'avais le temps.

A 13h05, c'était un mardi, j'ai vu papa froissait ses draps, il partait, j'ai criée très fort "NON".

Mon frère ainé, qui était en bas avec ma mère, est monté en courant.

Il a embrassé papa, et celui-ci a fermé ses yeux pour toujours.

Mon frère, à abandonner son apprentissage, il n'aimait pas ce métier, mais, c'était la volonté de notre père.

Depuis ce jour, ma vie a chaviré, le seul être au monde qu'il me rester, venait de me laisser aussi.

Un peu avant l'enterrement, maman est allée à la banque changer l'argent anglais, qui était pour mon voyage, que je devais faire avec le collège, en français, et avec cet argent, qui était à papa, je le lui ai rendu, d'une autre façon.

Je lui ai acheter une plaque rien que pour lui.

Maman a appelée l'armée, où était mon deuxième frère pour qu'il vienne, celui-ci a eu une permission, et n'ai jamais reparti, car l'armée considérait, qu'il devait s'occuper de moi et mon petit frère.

Il était considéré comme soutien de famille.

Mon frère ainé ne pouvait pas prendre cette place, car il avait connu ma deuxième belle-sœur, et devait partir chez lui.

N'ayant pas fait de grandes études, mes deux frères sont partis travailler comme marin pêcheur, et avait l'intention de se mettre à leur compte.

Mon deuxième frère commençait à acheter le matériel, pour se mettre tous les deux en associés, mais entre deux sa femme le trompée aussi, et elle a demandé le divorce, mon frère n'a jamais accepter ça.

Elle le trompait, et c'est lui qui avait tous les torts, parce qu'il habiter toujours chez nous, avec sa femme, les lois sont mal faites.

Pendant qu'il était en mer, maman n'en voyait plus que par mon petit frère, quand il faisait des bêtises, c'est toujours moi qui prenais, et je ne disais rien.

A chaque fois, elle me frappait avec une tringle à rideaux en ferraille.

Je me disais, c'est normal, je suis plus grande, j'aurais dû le surveiller, même si maman me battais, je subissais, et le cacher sous le lit.

Quand mon frère Michel rentrait du travail, je ne lui disais rien, je ne voulais pas qu'il s'en prenne à maman comme papa.

Il essayer de me donner le même amour que mon père, et je l'aimais énormément pour cela.

Il l'avait presque remplacé, mais papa était rester dans mon cœur.

Vu le décès de papa, je n'ai pas passé mon examen à l'école, et mes frères m'ont inscrite en candidature libre, pour le passer en septembre.

Je n'avais pas la tête à réviser.

Ma mère en à parler à la sœur ainée de papa, qui était institutrice, si elle pouvait me prendre pendant les grandes vacances, pour que j'oublie papa, enfin, soi-disant pour me faire penser à autre chose, car je pleurais tout le temps.

En fait, elle ne se souciait pas de moi, elle voulait être seule avec mon petit frère, qu'elle envoyait chez des copains pour être seule.

Ma tante tenait pour l'été, une crêperie, et vendait aussi des frites auprès de la plage, donc je travaillais avec elle, en récompense, elle m'avait acheté une belle robe neuve.

Le soir, j'avais le droit de me promener toute seule sur la plage, et là, ma tristesse revenait, mais c'était pour pleurer, papa me manquait.

Certes en journée, je servais des clients, éplucher des pommes de terre, enfin, ma tante arrivait à m'occuper l'esprit.

Après la saison, je ne voulais pas repartir chez moi, donc ma tante avait proposé à ma mère de finir de m'élever, et payer mes études, maman a refuser.

Normal, elle aurait perdue l'argent qu'elle touchait pour enfants orphelins.

Revenue chez ma mère, il fallait que j'aille passer l'examen du collège, que mes frères m'avaient inscrite pour continuer à faire les études que papa voulait que je fasse.

A ce moment-là, j'ai baissé les bras, maman se ficher totalement de moi, comme elle avait toujours fait.

Vu que maman avait refuser que ma tante s'occupe de moi, pour suivre la volonté de papa, j'ai demandé à ma mère "tu ne pourras pas payée mes études, alors qu'est-ce que je vais faire", et elle m'a répondue "tu iras où je déciderais, tes études, je m'en fou, je ne peux pas payée".

En fait, vu sa réponse, j'ai arrêté de faire des efforts, et je n'ai rien réviser, donc je voulais même plus passer cet examen.

Mes frères m'ont dit "on t'emmène, on verra bien".

Pour moi c'était finie, je voulais mourir, et rejoindre mon père, tout le monde se fichait de mes études.

Donc, j'y suis allée, je ne l'ai pas eue, je ne me concentrais pas, car je repenser que cela ne servirait à rien, maman s'en fichait, et papa n'était plus là.

A quoi me servirait ce papier si je ne pouvais pas continuer mes études.

Mi-septembre, maman m'a inscrite à une école, pour apprendre la comptabilité à douze kilomètres de la maison.

Je n'avais pas le choix.

Comme maman me coiffer jamais, et que mes cheveux était très long, je finis par avoir un gros nœud, et maman pour la rentrée d'école, m'a emmené chez la coiffeuse pour me couper ceux-ci, très court.

La coiffeuse dit à maman "elle a des beaux cheveux blonds, c'est dommage de lui couper ils vont changer de couleur", et maman a dit "ce n'est pas grave, elle pourra au moins les coiffer toute seule".

Papa n'aurait jamais voulu cela.

Je n'avais pas le droit de rester à la maison, l'école était obligatoire, et je voyais bien que ma mère voulait aussi se débarrasser de moi, si elle était toute seule à la maison, elle pouvait faire ce qu'elle voulait (surtout avec les hommes, elle était libre).

Et elle m'avait dit "si tu ne vas pas à l'école, je vais perdre l'argent que l'on me donne et il n'en ait pas question".

Bien sûr, elle en avait besoin, surtout pour acheter son alcool.

Et dans cette école, étant donné sa situation, elle payée pas le self, donc j'allais manger gratuitement.

Elle avait que le transport de bus à payer.

Je prenais le bus tous les matins, je mangeais au self le midi, et je reprenais le bus le soir pour rentrer.

Je faisais toujours pipi au lit, et je ne me lavais pas, car toujours pas de douche à la maison, et rien pour me laver, je ne pouvais plus me laver dans un bac, et en plus, je n'aurais pas eu d'intimité.

Donc j'allais à cette école comme ça, avec des vêtements du secours catholique comme toujours.

Je me vois encore avec un pantalon orange ou bleu ciel trop grand, et pour les tenir, une grosse ceinture de couleur marron, c'était affreux, mais maman ne m'acheter jamais de vêtements.

Un jour, dans cette école, on me dit “ne vas pas en classe aujourd'hui, tu vas aller voir l'infirmière”.

J'ai demandé “pourquoi ? je ne suis pas malade”.

Et en fait, après m'avoir posée des questions sur ma vie à la maison, c'était pour que j'aille faire des douches tous les jours à l'école, et ils m'ont emmené en ville acheter des vêtements neufs, rien que pour moi.

J'avais honte, et en même temps, j'étais contente, j'allais avoir des vêtements neufs.

Depuis que j'étais arrivé au collège, je n'avais pas d'amies avec qui parler.

Je ne chercher pas non plus à en avoir, j'avais trop l'impression d'être différente des autres.

Depuis ce jour, aux récréations, un groupe de filles m'appellent et me dit de se joindre à elles.

J'étais surprise et n'osais pas, mais comme elles insistaient, j'ai fini par accepter.

Je me suis dit, qu'ils avaient dû parlait de moi en classe.

A cette époque, on avait le droit de fumer dans la cour, et une fille me propose une cigarette, je la prends, et je crapote comme j'ai toujours fait depuis ma communion.

Une d'entre elle me dit "tu n'avale pas la fumée", je dis "non, je n'ai jamais fait", et elle me fait voir comment on fait.

Je me suis mise a toussé, mais à force de tirer sur cette cigarette, ça aller mieux.

Je n'aurais jamais dû essayer, car après, cela me manquer.

Quand je suis rentrée à la maison le soir, maman m'a frappée, parce que j'avais dit à l'école, que je ne pouvais pas me laver, et que je n'avais pas de vêtements, qui n'était ni correct, ni neuf, que je n'en avais jamais.

Maman me dit, que je n'aurais pas dû accepter ce que l'école m'avait acheté, c'était la honte pour elle.

Moi j'avais l'impression que c'était grave pour elle, si moi j'avais la honte ou pas, elle s'en fichait.

Je volais de l'argent à ma mère pour m'acheter des cigarettes, elle ne s'en ait jamais aperçue, comme elle buvait toujours.
Elle ne savait jamais ce qu'elle avait dans son porte-monnaie.

Heureusement pour moi, elle me frappait assez pour moins que cela.

Cette école ne me plaisait pas, donc je ne faisais rien, et je n'avais plus personne pour me motiver.

Quand mon frère rentrait du travail, il était trop fatigué pour me forcer à travailler, mais je ne lui en voulais pas.

En 1979, ma mère se faisait appeler "la veuve joyeuse", par les gens de la ville, les voisins, mais aussi par la famille, et là, j'ai compris que j'avais raison.

Elle avait encore des hommes avec elle.

Un jour, elle m'a présenté un de ses hommes, qui était marié et avait des enfants, cela n'avait pas l'air de la gênait.

Celui-ci me dit "je ne travaille pas loin de ton école, je vais t'y emmenait tous les matins pour faire des économies à ta mère, et tu pourras rentrée plus vite le soir".

Ma mère s'est mise à dire "de toute façon, elle n'a pas le choix".

Un ou deux mois après, cet homme s'est mis à m'embrasser comme mon grand-père, et tous les matins et soir.

Je ne pouvais rien dire à ma mère, vu qu'elle était contente de plus payer le bus, mais cela m'écœurait toujours.

Jusqu'au jour où il me dit "je sors avec ta mère, mais quand tu auras dix-huit ans, on partira tous les deux, c'est avec toi que je veux vivre, je garde ta mère en attendant pour rester auprès de toi, tu seras plus heureuse avec moi".

Alors que je pouvais être sa fille, il était fou, fallait que cela s'arrête, je ne voulais pas vivre avec lui.
Pourquoi les personnes plus vieilles que moi, s'en prennent toujours à moi ?

Pourquoi ils m'embrassent tous le temps, qu'est-ce que j'ai fait pour mériter cela ?

Est-ce cela ma vie ?

Le soir même, je suis montée en pleurant dans la chambre, je voulais plus le voir, ni qu'il s'approche de moi, mais comment faire ?

Ne me voyant pas redescendre, maman est montée dans la chambre, elle m'a demandée, "qu'est-ce qu'il s'est passée ?".

Je lui ai dit, "je veux plus aller à l'école".

Elle me dit "tu as des problèmes à l'école ?".

Et là, je me suis mise à pleurer encore plus, et je lui ai dit "tu ne me croiras pas, alors pourquoi te le dire, je suis toujours en tort".

Le soir, quand mon frère est rentré du travail, je vais le voir en pleurant, et je lui dis "Michel, je veux plus aller à l'école".

"Le mec a maman me fait peur, c'est lui qui m'emmène le matin et viens me chercher le soir, et il m'embrasse tout le temps comme si j'étais sa copine".

"Il m'a dit qu'il voulait vivre avec moi quand j'aurais dix-huit ans".

Maman avait entendu, et bien sûr, elle dit "tu es folle tu es trop jeune pour lui, tu te fais des idées".

Et je lui réponds, "je te l'avais dit que tu ne me croirais pas".

Quand son mec est revenu à la maison, le soir, avant de partir, il me dit tout bas "rejoins moi à la cave", et il part.

Je dis à maman devant mon frère "tu veux la preuve, il m'a dit de le rejoindre à la cave, alors viens voir, il est là-bas, il m'attend".

Comme elle ne voulait pas me croire, mon frère lui dit "on y vas tous les trois".

Et voilà, le mec s'est fait prendre dans son piège, et j'étais enfin libérée.

Mon frère lui a interdit de remettre les pieds à la maison, sinon il serait dans son chemin.

J'étais libérée.

C'était bientôt la pentecôte, et dans notre ville, il y avait une cavalcade, comme au carnaval de Granville, plus petite bien sûr, et il faisait un bal le week-end d'avant, pour élire la reine du char, et ses dauphines.

Mon frère me dit, "je t'ai inscrite pour être sur le char".

Je lui ai dit "tu es fou, je ne serais jamais élue, tu as vu les autres filles, elles sont mieux que moi, et je ne suis jamais aller à un bal, je ne sais même pas danser".

Il me dit "t'inquiète, je suis sûr que tu seras sur le char, et je vais t'apprendre à danser".

Le samedi, nous sommes allés au bal, et je voyais mon frère qui buvait avec beaucoup de personnes (copains et autres), en fait, il payait un verre à ceux-là.

En échange, il fallait qu'ils votent pour moi, il trichait, je me disais, il dépense beaucoup d'argent pour que je gagne, il est fou comment il va faire après pour finir le mois.

Je lui disais d'arrêter, que ce n'était pas grave si je ne gagnais pas, et il me dit "je t'ai fait une promesse et je vais la tenir".

Ensuite, il m'a appris à danser, il dansait toujours avec moi, toute la soirée, j'étais aux anges, mon frère se préoccupait de moi, je l'aimais comme papa, ou presque.

Il m'a dit de danser aussi avec ceux qui me demander, j'avais peur, je ne les connaissais pas, et il me dit "t'inquiète pas, je surveille et je les connais".

Et voilà, le moment où les filles inscrites devaient montées sur la scène, pour les résultats, je suis arrivée en deuxième dauphine.

La fête de la pentecôte arriva, les manèges se montent, et moi j'aimais bien, comme je les aidais tous les ans, et j'adorais ça, je faisais des tours de manèges gratuitement.

Du moins, le temps que je sois petite, ensuite, je m'occupais du manège toute seule, surtout quand ils allaient manger, comme ils avaient confiance en moi, ils prenaient tout leur temps.

Mais j'étais tellement pressée d'y aller, je n'avais que la route à traverser, qu'une voiture m'a renversé.

Cette voiture s'est arrêtée pour me demander si cela aller.

Comme je ne voulais pas que l'on m'emmène à l'hôpital, j'ai dit "ce n'est pas grave, je n'ai rien, ne vous inquiétez pas".

En fait, je boitais un peu, mais ce n'était pas grave, je voulais aller aider les forains.

Il fallait que j'aide à travaillais sur les manèges, j'adorais faire ça.

Et se fût le moment de la cavalcade.

J'étais contente, mon frère avait tenu sa promesse.

En trichant bien sûr, mais j'étais dessus le char.

Maman me disait toujours, quand il y avait cette fête tous les ans, "tu rentres de bonne heure", et ce soir-là, elle me dit, après la cavalcade, "vas aux manèges, fais-toi des amis, sors".

En fait elle voulait être toute seule pour voir un autre mec, cela m'énervait.

Donc, je suis allée sur les autos-tamponneuses.

Un jeune homme de dix-huit ans, qui travaillait sur ce manège, voyant que je n'en faisais pas, et que je regardais assise sur un banc, a mis un jeton dans une voiture, et m'as demandée si je voulais montée avec lui.

J'ai dit "OUI", toute contente, mais avec du stress.

Je n'étais jamais montée dans ce manège, et en plus, c'était un garçon et je ne le connaissais même pas.

Il s'est mis à me poser des questions, et je voyais qu'il me plaisait, et lui aussi apparemment, je me suis dit, ma mère s'en fou de moi, donc je vais essayer de sortir avec lui, et je partirais avec les forains moi aussi, et je verrais plus ma mère.

Ce qui n'était pas possible, j'étais encore mineure.

En fait, à la fin de la fête foraine, il allait partir et me dit, "tu as un scooter, on va à cet endroit, tu peux venir me voir si tu veux".

J'ai dit "OUI", en me disant, s'il me dit ça, c'est que je lui plais.

J'étais heureuse, enfin quelqu'un qui s'intéressait à moi, à part mon frère bien sûr.

Une semaine après, je demande à maman, si je pouvais aller faire un tour en scooter, je savais qu'elle me dirait oui.

Je ne serais pas à la maison à la dérangée, et elle pourrait faire ce qu'elle voulait.

Donc je suis partie, mais la route était longue, il y avait au moins cinquante kilomètres de la maison.

Arrivée sur place, les manèges étaient montés, mais fermé, je ne savais pas dans qu'elle caravane était Philippe.

J'attendais dehors, pour voir si je le voyais, quand tout à coup, je le voie sortir d'une caravane, mais avec une autre fille.

J'étais déçue, et j'allais repartir, quand il m'a aperçue, et m'a appelé pour aller le voir.

Je savais plus si je devais restée où partir.

Il vient vers moi et me dit "viens dans ma caravane, il fait froid tu auras plus chaud".

Arriver dans celle-ci, il y avait un de ses collègues de travail qui partager cette caravane, il lui a demander de bien vouloir sortir pour que nous soyons seul tous les deux.

Ensuite, on s'est assis sur un lit, on a parlé de choses et d'autres, puis il m'a embrassé.

Je n'en croyais pas mes yeux, lui, c'est bizarre, ça me dégoûter pas, mais il était jeune, donc cela devait être normal.

J'étais bien avec lui, et je n'ai pas vu le temps passé, il faisait déjà nuit.

Philippe me dit, "rentre chez toi, ta mère va s'inquiéter, reviens demain si tu veux".

Je lui dis "oui", mais au fond de moi-même, j'avais envie de rester, pour deux raisons, la première, j'étais bien avec lui, je me sentais aimé, et la deuxième, j'avais peur de reprendre la route, parce que c'était loin, et en plus il faisait nuit.

Arrivé à la maison, mon frère m'attendait, il n'était pas couché, il m'a dit qu'il s'inquiétait et allait appeler la gendarmerie, il ne fallait pas que cela se reproduise.

Je lui ai demandé pardon, et j'ai dit "je recommencerais plus".

J'en ai profité pour lui demander à quelle heure il partait au boulot, et quand il pensait rentrer, puis je suis allée me coucher.

Le lendemain, je me suis levée de bonne heure pour partir voir Philippe, et rentrée avant mon frère, mais ma mère s'est empressée pour lui dire que j'étais partie toute la journée, elle voulait qu'il s'en prenne à moi.

Ce qui ne fût pas le cas, j'étais là, donc pour lui, j'avais le droit de sortir.

Papa avait acheté mon scooter pour que je sorte, surtout qu'il savait que les relations avec ma mère étaient tendues.

L'été arriva, Michel avait beaucoup de choses à payer pour son divorce, et aller en avoir plus, car il faisait rappel, comme il n'était pas d'accord de prendre tous les torts.

Un soir, il dit à maman "tu n'as pas fait à manger", elle lui répond "non, j'ai plus d'argent et il n'y a plus rien à manger".

Michel me dit, "je vais prendre la voiture à maman, tu viens avec moi".

Je ne savais pas pourquoi, mais je l'ai suivi, au moins, je ne restais pas avec ma mère, j'allais me promenée.

On arrive devant un champ, et il me dit "tu restes là, et tu me dis s'il vient quelqu'un".
Je fis ce qu'il me demandait, sans savoir pourquoi, jusqu'au moment où il me dit "ouvre vite le coffre".

Il avait volé un mouton pour que l'on puisse manger, j'avais peur.

Je ne voulais pas que mon frère aille en prison, pour avoir voler, pour que l'on ait à manger.

Arriver à la maison, mon frère a monté le mouton dans le grenier de la maison, lui a attaché les pattes en l'air avec une corde, l'a tué, enlever sa peau et l'a vidé.

Le lendemain, il a emmené tous les déchets dans un sac poubelle pour les jeter en mer, je pense, car il ne me l’a jamais dit.

On avait de quoi manger pour un moment.

Pour la rentrée de septembre 1979, ma mère m’a dit "tu ne vas pas restée à la maison à rien faire, j’ai parlé à la boulangère, tu vas aller faire un essai pour un apprentissage".

J’y suis allée pour avoir la paix, mais au bout d’une semaine, je dis à ma mère, "j’y vais plus, je ne suis pas au magasin, je fais que du ménage et je ne veux pas faire cela".

Elle me dit "puisque que c’est comme ça, tu vas partir à Paris, travaillait avec ton oncle Gabriel (son frère ainé) dans un restaurant", et elle m’y emmène en train.

Arrivée à Paris, elle me présente à une dame qui dit, "je la prends pour le service du bar, et du restaurant.

Elle dormira dans la même chambre que son oncle, il y a deux petits lits, comme ça elle n’aura pas peur".

Au bout d’un mois environ, j’étais contente de mon travail, j’étais loin de ma mère, je me sentais plus libre, je sortais me promenée quand j’en avais envie, enfin, en dehors de mes heures de travails.

Mais voilà que ma mère arrive, comme les mois suivants d’ailleurs, oui une fois par mois, elle venait chercher mon salaire, et ne me laissait rien, comme je n’étais pas déclarée, j’étais payée en espèces.

Une fois, je dis à ma mère “Jacques le fils de papa habite à Paris, j’aimerais le connaître, le notaire t’a donné son adresse, on pourrait essayer d’aller le voir”.

Elle me répond “si tu veux, je prendrais le train suivant pour rentrer”.

J’étais contente, j’allais enfin connaitre mon grand frère, enfin je le pensais, avec la peur qu’il ne veuille pas me voir.

Arriver chez lui, c’était le nom de sa mère sur la porte, mais personne n’a répondu, j’étais triste et maman me dit “il n’est pas là, comme on est à côté, veut tu que l’on aille auprès de la tour Eiffel”.

Je lui dis “oui”, toute triste.

En se promenant auprès de cette tour Eiffel, je n’arrêtais pas de me retourner, j’avais cru voir mon père, mais ce n’était pas possible.

Maman, s’en étant aperçue, me dit “qu’est-ce que tu cherches”.

Je lui dis “c’est bizarre, on a croisé quelqu’un qui ressemblait à papa”.

Et là, elle me dit “c’était Jacques ton frère”.

Je me suis mise à crier “pourquoi tu ne me l’as pas dit, tu savais que je voulais le voir”.

Je regardais partout, mais il était parti, j’en voulais beaucoup à ma mère, elle savait que l’ont été venu là, pour que je le voie, en fait, elle ne voulait pas, donc ne me l’a pas dit.

Ma patronne c’était aperçue que maman venait toujours au moment de mon salaire et me dit "tu n’as jamais d’argent, ta mère te prends tout ?”.

Je lui réponds "oui".

Et elle me dit, “tu ne dis rien à ta mère, tu prends tes cigarettes au bar, et tu gardes tous les pourboires des clients pour toi".

En échange, je devais nettoyer la cage de son singe, et faire son repassage.

Cela m'était égale.

J'avais trouvé des amis, mais je les voyais que le soir, ou quelque fois l'après-midi, quand ma patronne avait un copain qui venait la voir, elle fermé le bar à ce moment-là.

Avec eux, il m'arrivait d'aller manger au restaurant, quand c'était mon jour de congé bien sûr, souvent vietnamien, surtout quand on était avec "Eddy MITCHEL", et son impresario, c'est eux qui payer pour moi.

Un jour, ils m'ont fait boire du saké, et comme je n'avais pas l'habitude, je n'étais pas très claire, et nous sommes allés finir la soirée chez l'un d'entre eux.

On buvait du champagne et ont danser, c'était génial.

Un jour, en faisant le service en salle, le singe de ma patronne, m'a attrapé mes cheveux (qui était redevenu long), au passage, et m'a fait renverser le plateau de frites que j'allais servir aux clients.

Je l'ai regardé méchamment, car il m'avait fait la honte devant tout le monde qui riait.

Mon jour de congé suivant, je voulais me venger.

J'ai pris des frites dans la poubelle, j'ai mis du vinaigre dessus, et beaucoup de moutarde que j'ai donné comme nourriture à ce singe.

Le lendemain, avant l'ouverture du restaurant, j'entends la dame hurlait, je vais la voir, son singe était mort.

J'ai fait celle qui ne savait pas ce qui c'était passé, mais j'étais contente de moi, je m'étais venger, et il n'allait plus recommencer. Deux à trois mois plus tard, la dame voulait faire des travaux dans notre chambre, elle nous a mis mon oncle Gabriel et moi, dans un immeuble à côté, pendant ce temps-là, mais avec un lit de deux personnes.

Première nuit, mon oncle s'est mis à me touchait, ça recommençait, encore un plus vieux que moi, qui voulait de moi, et mon oncle cette fois-ci.

Je l'ai giflée de toute mes forces, et avec du mal, j'ai dormi enfin, que d'un œil par terre sur le ciment, de peur qu'il ne recommence.

Le lendemain, je pris ma valise, et je suis allée me présenter à une pharmacie pas loin, qui chercher une personne pour garder ses enfants, j'ai été prise aussitôt.

J'avais une chambre rien qu'à moi, avec une sortie par l'arrière pour sortir quand je voulais, je voyais plus souvent mes amis, et allée voir Eddy MITCHEL faire des enregistrements.

Là, j'étais déclarer au moins.

Pendant mes jours de congés, je prenais le métro, et j'allais voir un autre oncle Daniel, et sa femme Odette, tous les dimanches, qui n'habitaient pas très loin.

Je mangeais avec eux, le midi, et l'après-midi, j'étais avec ma cousine Rosélia.

Philippe m'avait retrouvé, il était venu me voir une fois, pendant ses vacances chez ma tante.

Ma cousine avait essayé de me le prendre, elle le draguait devant moi.

Comme je n'étais pas chez moi, je ne disais rien, mais je n'en pensais pas plus, et je la regardais un peu de travers.

Enfin, j'en ai parlé à Philippe dehors, qui me dit “t'inquiète, je suis avec toi, elle ne m'intéresse pas, je ne jouerais pas dans son jeu”.

Le 14 avril 1980, (jour de la date de naissance de papa), ma patronne reçoit un appel de maman, pour lui demander, de me dire de descendre en Normandie, qu'il fallait absolument que je vienne, mais il ne fallait pas qu'elle me dise pourquoi ?

Et fallait que j'ailles chez mon frère ainé qui habitait à côté de la gare, qu'il m'attendrait chez lui.

Je pris le train, j'arrive chez mon frère et frappe à sa porte.

C'est ma belle-sœur Thérèse qui l'ouvrit.

Mon frère n'était pas au travail, il était assis à m'attendre.

Je lui dis bonjour, et demande pourquoi il fallait que je vienne ?

Là, il me répond "tu t'assoies sur le canapé, j'ai quelque chose à te dire, et si tu pleures je t'en décolle une sur la gueule".

Et là, il me dit "Tatave est mort (Tatave c'était le surnom de mon deuxième frère au port de pêche), il s'est noyé en mer".

J'avais envie de hurler, mais à la place, comme je n'avais pas le droit de pleurer, j'ai dit "dommage que ce ne soit pas toi".

Je ne le pensais pas, mais c'est parti tout seul, et j'ai eu peur qu'il me frappe après avoir dit ces mots.

Il m'a emmenée chez maman, où là j'ai craqué, encore une personne que j'adorais qui me quitter, pourquoi toujours moi ?

Ma vie m'est telle destinée à être toujours comme ça, je n'en pouvais plus.

Quelques jours après, je suis remontée à Paris, mon frère n'avait pas été retrouvé donc maman m'a dit de retourner travailler, je n'en avais pas envie.
Le 5 mai 1980, ma tante Odette et mon oncle Daniel sont venus me chercher au travail, mon frère avait été retrouvé, donc fallait que je retourne en Normandie.

Maman n'avait pas le droit d'aller reconnaitre mon frère à la morgue, il parait qu'il était méconnaissable, le corps avait été manger par les crabes et les bulots (dit escargot de mer).

Il a été reconnu par le garde champêtre de notre commune, grâce aux papiers qu'il avait sur lui avec son nom.

Deux jours plus tard, il fallait l'enterrait, car il se décomposait trop vite, c'était le 7 mai, jour d'anniversaire de mon petit frère Eric, (il avait dix ans ce jour-là), qui n'as pas été fêter bien sûr, ce n'était pas le jour.

N'ayant pas eu le temps de lui trouver une place au cimetière, et comme maman n'avais pas d'argent non plus, elle lui as donner sa place qui était prévu avec papa.

Dans ma tête, je me disais ce n'est pas possible, ce n'est pas lui qui est dans le cercueil, personne ne l'a vu, il doit être parti très loin, peut-être dans un autre pays, mais il n'est pas là, on n'a pas la preuve, ce n'est pas possible.

Je suis restée quelques jours à la maison.

Je suis remontée à Paris garder les enfants, mais tous les soirs je pleurais, je n'avais plus envie de travailler, je voulais rentrée en Normandie, chez moi.

Je fis toutes mes valises, et comme je n'avais pas d'argent pour prendre le train, je suis descendue sans faire de bruit, pendant la nuit dans le bureau de la pharmacie.

J'ai cherché où était l'argent qui était cacher.

Une fois trouver, je n'avais jamais vu autant d'argent, j'ai pris la valeur de mon salaire, en me disant la patronne ne s'en apercevra pas, de toute façon, elle me le doit, c'est mon salaire.

Je remonte dans ma chambre, et je suis partie par la porte de derrière.

Je regardais par tous les côtés, j'avais peur que les gendarmes me recherchent, normal, j'avais volée.

Une fois dans le train, j'étais plus tranquille.

Je n'avais pas vu les gendarmes et je rentrais chez moi.

Maman ne voulait pas trop de moi, mais comme j'étais mineure, elle était obligée.

On ne s'entendait toujours pas, elle me dit "va falloir que tu travailles".

Un jour, elle invite mon premier frère à venir manger avec sa femme et sa première fille Alexandra, elle dit à mon frère, "ta sœur a encore quittée son travail, je ne peux pas la nourrir, et je ne vais pas la garder à rien faire".

Donc Noël dit à maman, "Thérèse va reprendre le travail, on va la prendre à la maison et elle gardera Alexandra, elle fera un peu de ménage à la maison et on la nourrira pendant quelques temps, on ne va pas prendre de nourrice".

Il me regarde et me dit "tu vas t'inscrire au chômage à la mairie, tu donnes l'adresse de maman, tu prendras le car pour venir pointer ici tous les mercredi".

J'ai accepté, surtout que c'était ma filleule, et que j'allais pouvoir en profiter plus.

Un mercredi, j'étais prête de bonne heure, pour aller pointer à la mairie, ma nièce aussi, je prends la poussette, et je la mets dedans, puis je suis partie à l'arrêt du car.

Comme j'étais trop en avance, et qu'il fallait attendre le bus, je décidais de marcher un peu, et je prendrais le bus plus loin.

Le bus n'arrivait jamais, et voilà, j'ai fait dix kilomètres à pied dans le froid.

Je voie une cabine téléphonique, et je me mis à appeler maman, pour qu'elle chauffe bien la maison.

Il me restait deux kilomètres à faire, et je voulais que ma nièce soit au chaud, même si je l'avais bien couverte, moi j'étais gelée, j'avais besoin d'un bon café.

Nous sommes restées à manger le midi chez maman, et l'après-midi, j'ai repris le bus pour rentrer chez mon frère.

Quelques mois plus tard, Noël me dit "tu vas repartir chez maman, Thérèse va avoir un autre bébé, la maison est trop petite, tu peux plus restée, Thérèse va arrêter de travailler et pourra s'en occuper".

He oui, je repars chez ma mère, avec la hantise de savoir comment on allait s'entendre, mais je n'avais pas le choix.

Quelques jours plus tard, un des autres frères de maman, Serge, arrive à la maison, elle lui dit "entre, je vais au jardin, je reviens".

Et là, encore un cauchemar, j'étais auprès de la cheminée, quand tout à coup, mon oncle se jette sur moi, une fois par terre, il me grimpe dessus comme s'il voulait me violée, il m'embrassait partout.

Et encore moi, toujours moi, je me débattais comme je pouvais, je me disais maman revient vite.

Une chance, elle rentra et demanda, "qu'est-ce que vous faites", et mon oncle répond en se relevant, "rien on faisait un jeu", et maman l'a crue bien sûr comme toujours.

Une fois mon oncle reparti, ma mère me dit “tu ne peux pas faire autre chose que de vouloir jouer à exciter ton oncle”.

Bien sûr, pour ma mère c'est moi qui étais encore en tort.

Pourquoi cela m'est arrivée plusieurs fois, depuis toujours ?

Je suis allée pleurer dans la chambre, et je parlais à mon père, "papa aide moi, pourquoi on me fait toujours ça ?

Protège-moi”.

Un jour, Philippe réapparue à la maison, c'était mon sauveur, il me dit "j'ai quitté les forains, je cherche du travail, et un logement dans le coin, et je voudrais rester près de toi".

Maman qui avait entendue, lui dit “ben reste à la maison si tu veux, tu dormiras avec ma fille, seulement si tu n'y touche pas".

J'ai été surprise qu'elle dise cela.

Qu'elle veuille bien qu'il vive à la maison, dormir avec moi, mais pas me toucher.

C'était bizarre, elle savait que c'était mon copain.

Philippe a trouvé rapidement du travail, mais n'avait pas de moyen de locomotion pour y aller.

Donc je lui ai proposait mon scooter, ce dont il accepta.

Il fallait que je trouve une solution pour le garder auprès de moi, je n'avais pas le choix.

Bien sûr, ma mère ne l'a pas ratée, il fallait qu'il lui donne de l'argent pour le logement, et la nourriture, dans un sens, c'était normal.

En plus, je trouvais qu'elle essayer d'être proche de lui, et me regarder bizarrement quand on s'embrasser, elle donnait l'impression d'être jalouse de moi.

Un soir, Philippe me dit “veut-tu m'épouser ?” Je dis "oui", il m'aimait vraiment pour me demander cela, et c'était l'occasion de partir de chez ma mère.

Le lendemain, je le dis à ma mère, qui avait l'air contente et jalouse en même temps.

Ensuite, elle m'a emmené dans un magasin voir, et achetée ma robe de mariée.

Je lui ai dit "c'est trop vite, on n'a pas choisi de date", elle me dit "dès que tu as dix-huit ans, après vous dégagez”, et comme ça je peux la payée en plusieurs fois.

Je me suis dit qu'elle voulait se débarrasser de moi, mais ce n'était pas grave ça me plaisait.

Une fête foraine se passait pas loin de chez nous, Philippe me propose d'y aller faire un tour, maman dit “oui” pour Philippe et pour moi “non”.

Je lui ai dit "j'ai le droit d'y allée", elle me dit "si tu y va, j'appelle les gendarmes”.

Donc je suis partie avec Philippe, mais avant d'aller à cette fête, je suis allée voir les gendarmes pour les prévenir.

Ceux-ci me répondre “vous n'avez pas dix-huit ans, mais si vous vivez avec monsieur chez votre mère, elle ne peut rien faire, donc allez à votre fête mais ne rentrait pas trop tard".

Et voilà, pour une fois c'est moi qui avais gagné, pas elle.

Le lendemain, maman a voulue me frapper avec une casserole, comme j'avais désobéi, mais pour la première fois, je ne me suis pas laisser faire.

J'ai attrapé cette casserole, et comme la machine à laver était ouverte par le dessus, pour la calmer, je lui ai mis la tête dedans.

Une fois calmée, elle a voulu s'en prendre à mon petit frère, comme maintenant, je me défendais, il fallait une autre personne plus vulnérable.

Mais je l'ai empêché de lui faire du mal.

Pourquoi, fallait qu'elle soit toujours violente, ce qu'elle avait subie avec papa, elle n'avait pas le droit de se venger sur nous.

Un ou deux mois plus tard, les gendarmes sont venus à la maison, ils m'ont dit "Mr. BOUCHEREAU Philippe est bien chez vous", j'ai dit "oui pourquoi ? Il est au travail".

Ils me disent qu'il fallait qu'il se présente à la gendarmerie en rentrant.

Quand Philippe est rentré du travail, je lui dis que les gendarmes voulaient le voir, il y est allé aussitôt.

Dans la soirée, ne voyant pas Philippe rentré, je suis allée à la gendarmerie, voir s'il y était encore, et là, ils me disent "on l'a emmené en maison d'arrêt à Coutances, pour huit mois".

Je me suis mise à crier, "pourquoi, qu'est-ce qu'il a fait ?

Vous n'avez pas le droit".

Et avant de repartir, je les ai traités de tous les noms, ils m'ont dit "calmez-vous, ou vous allez être sanctionner aussi".

Et encore une fois la destinée s'en prenait à moi.

J'ai demandé au parquet, une autorisation de droit de visite, pour aller voir Philippe à quinze kilomètres environ de la maison.

Et vu que l'on devait se marier, j'ai eu une autorisation d'une heure tous les jeudis, mais seules les premières personnes qui arrivent pour les visites passent, sinon faut revenir la semaine d'après.

J'en parle à maman, je lui ai dit qu'en faisant du stop, comme mon scooter était en panne, j'allais toujours arrivée en retard, et je ne pourrais jamais le voir.

Bizarre, elle me dit "prends ma voiture, c'est facile de la conduire, elle est automatique".

Je n'avais pas de permis, mais tant pis, il fallait que j'aille le voir, c'était la seule solution.

En me la prêtant, elle s'est peut-être dit, elle verra bien si elle se fait arrêter.

Par chance, je ne me suis jamais faite arrêter.

J'ai réussi à voir Philippe, je lui ai demander, pourquoi il était là ?

Il m'a répondu, "j'ai dit à mon père où j'habiter, et il leur a donner ton adresse, car j'avais fait des bêtises à mes dix-huit ans et comme j'étais forain, il ne me trouver pas, je bougeais tous le temps".

Six mois et demi plus tard, Philippe sort de la prison, il avait une remise de peine pour bon comportement, et il revint à la maison, enfin.

Un de mes cousin Jean lui a retrouvé du travail avec lui, et avait également trouvé une petite maison pour y habiter tous les trois.

Je pouvais partir, j'avais dix-huit ans.

Je ne l'avais même pas visité, que j'ai dit "oui", il fallait que je parte, n'importe où mais je ne voulais plus rester chez ma mère, donc tout aurait été bien.

Je prends mes affaires, et je pars avec eux, on n'avait pas besoin de meubles, ils étaient loués avec.

Arriver dans cette petite maison, qui était en campagne, derrière les propriétaires, ce n'était pas terrible, mais j'étais chez moi.

On n'y est pas resté longtemps, car il n'y avait qu'un petit chauffage à bois qui fumé dans la maison dès qu'on l'allumait.

Quand on ouvrait la fenêtre de la salle à manger, on avait un poulailler juste à côté, il y avait une odeur infecte, et quand on voulait faire une douche, celle-ci était rempli de cafards.

Dans la chambre, obligé de se cacher sous les draps et couverture, au plafond, encore plein de cafards, et tellement d'humidité que des gouttes d'eau nous tomber dessus.

Pendant que Philippe et mon cousin étaient partis au travail, j'essayer de faire au mieux pour nettoyer toutes ses saloperies, qui revenaient sans arrêt.

Tous les mardis matin, j'allais chez maman, je faisais des achats au SUPER U, et j'allais faire un tour au marché.

Un jour, maman me dit "tu es bien où tu es", je lui dis "non, mais ce n'est pas grave".

Et je lui explique.

Elle m'a dit "revenez à la maison, j'achèterais la manche libre et tu chercheras un logement", je lui réponds "je vais en parler à Philippe".

Ce que je fis le soir, il me répond "comme tu veux".

On est repartis le lendemain soir, après que Philippe soit rentré du travail.

Mais avant, on a attendu que les propriétaires se soient couchées.

On est partis sans faire de bruit, il n'était pas question de payer un loyer pour l'état de la maison que l'on avait, qui en plus, elles ne le déclaraient pas, vu que l'on n'avait jamais eu de quittances.

Donc elles ne pouvaient rien faire contre nous.

Tous les jeudis, je regardais le journal, et je finis par trouver un appartement à Granville assez rapidement.

Je vais le visiter, c'était complètement différent, et beaucoup mieux que la petite maison.

La propriétaire a bien voulu me le louer, c'était du parquet et au premier étage, mais ce n'était pas grave.

Il n'y avait pas de douche non plus, mais j'y étais habituée, la cuisine était petite, mais il y avait une grande et une petite chambre, la salle était assez grande.

Elle m'avait seulement précisé qu'il fallait que je nettoie l'escalier du premier étage, ce n'était pas un problème.

Avec Philippe, nous sommes allés acheter des meubles dans une brocante qui n'était pas loin, ils n'étaient pas très beau, mais on ne les avait pas payés cher, c'était le principal, on n'avait pas beaucoup d'argent.

Une fois que Philippe avait trouvé du travail plus près de notre logement, dans une pizzéria.

Il a quitté son employeur précédent, et moi, je suis allée me présenter en ville dans une usine de confection de jouets en peluches.

Dont, j'ai été prise.

On était content, on avait deux salaires maintenant, et on pourrait mieux vivre.

On n'habitait pas loin de la gare SNCF, et mon frère Noël habitait en face, avec sa femme et mes deux nièces, je n'avais que la route à traverser, on était bien placés.
Je me sentais super bien, et enfin chez moi correctement.

Je descendais tous les jours, à pied, pour aller en ville travailler, Philippe avait moins loin que moi.

On n'avait pas les mêmes horaires, il commençait plus tard que moi, et finissait tard le soir, mais fallait s'y adapter.

On ne se voyait plus, seulement à son jour de congé qui était le lundi, car il travaillait tous les week-ends.

A dix-huit ans et quatre mois, je découvre que j'attendais un bébé, ça a été ma plus grande joie, j'allais être maman.

Philippe était content.

Je lui ai dit “il ou elle s'appellera Michel(e), je me suis toujours dit que mon premier enfant, porterait le nom de mon frère”, il me dit “si tu veux”.

J'étais comblée.

Deux mois plus tard, maman est venue à la maison, le week-end, voir comment j'étais.

Nous sommes allées se promener en ville, et en remontant pour rentrer, je me suis arrêtée devant une épicerie, je regardais les fruits et quand j'ai vu le prix, je me suis remise à marcher.

Maman s'en était aperçue et me dit “tu avais envie de quelque chose, dis-le”, je réponds “non, ce n'est rien, c'est trop cher”.

Elle fait demi-tour et m'a acheté l'ananas dont j'avais eu l'envie, je lui dis “tu es folle c'est trop cher”, et elle me répond “tu es enceinte, si c'est une envie, je te l'offre, ça me fait plaisir, et je ne veux pas que Michel(e) manque de quelque chose”.
Elle était contente que je donne ce prénom à mon bébé.

Elle me rajoute “faut vous mariez rapidement car ta robe va être trop petite avec ta grossesse”.

Et, elle fit le nécessaire, s'occupât de tout pour que le mariage se fasse rapidement.

Le jour arriva, c'était le 5 juin 1982, je me suis mariée à Bréhal, dans ma ville natale.

Je suis allée chez la coiffeuse, puis au magasin qui avait gardé ma robe que maman m'avait acheté bien avant.

Malheureusement, la fermeture éclair à craquer, je pleurais.

J'avais déjà grossi, elle était trop petite, pourtant je n'étais qu'à trois mois de grossesse.

La dame dit t'inquiète pas, je vais te mettre des épingles tout le long de la fermeture, et elle tiendra.

Nous voilà parti chez le photographe, pour faire des photos, et les faire voir aux invités au cas où ils en veulent.

Juste avant de partir pour la mairie, une des sœurs de maman Annick, arrive à la maison, et s'aperçoit comment était le dos de ma robe.

Elle me dit "tu ne vas pas rester comme ça, ça fait dégueulasse.

Elle aurait pu te faire ça plus proprement", et elle dit à ma mère "va me chercher du fil et une aiguille, je n'en ai pas pour longtemps à la réparer".

Nous voilà à la mairie, ensuite nous sommes allés à l'église pour finir nos vœux.

Ça y est, j'étais mariée, je croyais à ce moment que je venais d'épouser l'homme de ma vie.

Pendant ma grossesse, je me suis mise à passer mon permis de conduire, en même temps que Philippe, nous voulions acheter une voiture, et moi je voulais l'avoir avant d'avoir mon bébé, qui s'avérer être une fille, donc Michèle.

Entre deux, mon frère ainé se marier aussi, j'y suis allée bien sûr, à un moment dans la soirée, le frère de ma belle-sœur (Gilbert), me demande si je voulais aller avec lui, chercher quelque chose qu'il avait oublié, je sais plus si c'était chez mon frère, je lui ai dit "si tu veux".

En revenant, pour retourner à la salle du mariage, Gilbert roulait doucement, arriver pas loin, il s'est arrêté, je me demandais pourquoi ?

En fait, il me dit "tu me plait, j'ai envie de toi", et il se mis à m'embrasser.

Je l'ais repousser, et je lui ais dis "tu me plait aussi, mais je suis désolée.

Je viens de me marier, je n'ai pas le droit de faire cela, je ne veux pas être infidèle, et j'attends un bébé".

Il me répond "ben on ne dira rien à ton mari, et il n'y verra rien, vu qu'il n'y a pas de danger pour une grossesse".

J'ai dit "non, on y va, il va trouver que l'on est longtemps parti", et on reprit la route.

Pendant toute la soirée, je me sentais gênée, et n'avais pas envie de m'amuser.

Je regardais souvent Gilbert, et je me disais que s'il m'avait dit que je l'intéressais avant que je sois mariée, je serais peut-être sortie avec, et j'aurais peut-être quitté Philippe.

Pourquoi, avait-il attendu pour me le dire, le pensait-il vraiment ?

Il ne faut pas que je regrette, cela n'aurait peut-être était qu'une passade avec lui, et puis maintenant j'étais mariée, fallait que j'oublie.

Les journées passèrent, je finis par oubliée ce qui s'était passé, sauf quand je le revoyais chez mon frère, où dans un repas, jusqu'à ce que j'apprenne qu'il s'était marié.

Le jour du passage à la conduite, le moniteur qui m'avais appris me dit "vous êtes enceinte de combien", je dis "huit mois", alors il me dit "vous n'êtes pas grosse, donc si l'inspecteur vous demande, vous y êtes de quatre mois, sinon il va vous refuser".

Pendant l'examen, j'ai fait des erreurs, et j'ai failli avoir un accident, pas à mes torts, mais j'ai eu le réflexe de l'éviter au moment où l'inspecteur aller me rattraper le volant, dont il n'a pas eu le temps.

Celui-ci me dit "bon réflexe, d'office je vous donne le permis, vous avez su éviter un accident, et cela est primordial".

J'étais contente, j'avais mon permis, à cette époque, on nous donner le résultat aussitôt.

Philippe le passa après moi, et quand il eut fini, il me dit “je l’ai aussi”, seulement arriver à la maison, il m’avoue, “heureusement que le moniteur était derrière moi, il me donnait des coups de genoux dans le dos pour me faire comprendre de rétrograder”.

Lui avait tricher, moi non, mais ce n’était pas grave, on avait le permis, c’était le principal.

Nous sommes allés acheter notre première voiture (à pied bien sûr), avec un premier crédit.

Dans la nuit suivante, j’étais toute mouillée, je suis allée à la maternité, et une sage-femme m’a ausculté, et me dit, “vous avez perdu les eaux, on va vous mettre en chambre et déclencher le bébé pour qu’il sorte”.

Elle me posa une perfusion pour me donner des contractions, et faire commencer le travail.

Au passage du gynécologue, celui-ci dit à la sage-femme “avez-vous fait une échographie avant de faire un déclenchement ?

Avez-vous regardé son dossier”, celle-ci lui dit “non”, et il reprend “vous arrêter tout et vous me l’emmener dans mon cabinet”.

Je me suis demander ce qu’il se passait, pourquoi on m’arrêter tout ?

Et il me fit une échographie, et me dit “vous aller repartir chez vous, je vous enlève le bébé qui n’as pas vécu, mais ne vous inquiétez pas, il vous en reste une qui es en bonne santé”.

Je lui demande comment cela se faisait ?

Il me répond “vous aviez deux poches d’eau, en fait, c’était des fausses jumelles, et une n’a pas vécue pendant la grossesse, son cœur a dû s'arrêté il y a quelques semaines.

A cette époque, on faisait que deux écographies.

Voulez-vous lui donner un prénom" ?

J'ai dit "non, mais vous êtes sûr qu'il n'y a pas de danger pour l'autre bébé" ?
Il répond "non, mais reposez-vous, elle ne va pas tarder à suivre".

Ma tante Paulette (une sœur de ma mère), n'habitait pas très loin de chez moi.

Maman y allait souvent, comme j'arrivais à la fin de ma grossesse, et vu ce que je venais de perdre une petite fille quelques jours avant, elle m'a proposé d'aller chez elle, passait toute la journée et dormir pour pas que je sois toute seule, au cas où j'aurais encore des problèmes.

Philippe était d'accord, moi pas trop, maman était là-bas mais, ma tante et son mari avec ma mère s'entendait bien pour boire, et je ne supportais pas l'alcool.

J'ai dit "oui" pour y aller, comme c'était mon premier bébé, et vu que j'en avais perdu une pas longtemps avant, je ne savais pas comment ça aller se passer, et j'avais peur.

Heureusement, c'était que quelques jours, je ne supportais pas les voir boire toute la journée.

Enfin, un mardi matin, je suis prise de contraction, ma tante me dit "regarde tous les combiens de minutes que tu en as".

Peu de temps après, j'en avait une toutes les trois minutes, et régulièrement, ma tante dit "il est temps de partir à la maternité".

Arrivée à l'hôpital, la sage-femme regarde bien cette-fois-ci, et me dit "on va passer en salle, on va vous préparer, c'est pour bientôt".

Les contractions se sont misent à me faire de plus en plus mal, et ma fille poussait, la sage-femme a percée la poche, et me dit de pousser fort pour la faire sortir.

Je dis “j’ai mal”. Elle ne me répond “pas le choix, elle est entrée, maintenant faut qu’elle sorte, pousser de toutes vos forces, si vous faites ce que je vous dis, ça va aller vite”.

Quand la tête se fit voir, mais n’avais pas assez de passage pour sortir, la sage-femme attrapa un ciseau, et me coupa à vif, sans me prévenir pour agrandir la sortie.

Je me suis mise à hurler, je me disais qu’elle était folle de couper sans anesthésie, idem pour me recoudre d’ailleurs.

Et voilà, Michèle est née un mardi à 13h05, elle faisait 3 kilos 460, d’où j’ai eu du mal à la sortir, les sages-femmes me disent “pour avoir pris que quatre kilos pendant la grossesse, c’est un beau bébé”.

Je l’ai trouvé magnifique, c’était à moi, c’était mon bébé, et oui c’était Michèle, comme je l’avais toujours dit.

Elle s’appelait comme mon frère, en l’appelant comme ça, je me disais, que je ne l’oublierais jamais avec elle, qu’il serait toujours avec moi, grâce à ma fille, et maman l’aimerais peut-être plus que moi.

Maman venait me voir tous les jours, et été heureuse d’apprendre son prénom, et “oui”, je l’avais dit à personne, sauf à Philippe bien sûr et elle, mais elle ne croyait pas que j’allais vraiment le faire, c’était notre secret.

Cinq jours plus tard, je rentre à la maison avec ma fille, tout était prêt.

Trois jours plus tard, Philippe me dit, “on monte en Loire atlantique, je vais te présenter à ma famille, maintenant que l'on a une voiture et Michèle, on peut y aller".

Maman est venue avec nous, et mon petit frère Eric.

Arriver sur place, je fis la connaissance de son père, sa belle-mère qui était vietnamienne et tenait un restaurant, une de ses tantes, ses sœurs, demi-sœurs et demi-frère.

Maman n'est pas revenue avec nous, comme d'habitude, elle a connu quelqu'un qui lui a dit de rester avec lui, qu'il avait sa maison, qu'il l'aiderait à élever Eric, que ce n'était pas un problème.

Je ne voulais pas, elle le connaissait à peine, Philippe me dit "laisse-là, elle fait ce qu'elle veut, et me laissera tranquille".

Revenus chez nous, je dis à Philippe, "tu as eu quelque chose avec maman, pour dire qu'elle te laissera tranquille", il me répond "oui, je te dirais plus tard".
Je me suis fâchée, et je lui ai demander ce qu'il s'était passer entre eux, il me dit "quand on habitait chez elle, elle me cherchait et pour avoir la paix, j'ai couché avec elle, mais t'inquiète, une fois seulement, je lui ai toujours refuser depuis".

Et là, je n'en croyais pas mes yeux, il a osé me trompée, et en plus avec ma mère, quelle honte.

Je suis partie en sanglots, une fois calmée, je me suis couchée, et fallait surtout pas qu'il me touche.

Quand le lendemain, il était parti au travail, j'ai pris des affaires pour moi et ma fille, et je suis partie dans la maison de maman, comme j'avais les clés.

En pleine nuit, j'ai eu peur, j'entendais des cailloux envoyés sur la fenêtre de la chambre, je finis par l'ouvrir, et je voie Philippe qui pleurait à genoux, et qui me demander pardon et me supplier de revenir.

Il m'assurait qu'il ne voulait pas, que c'était ma mère qu'il l'avait obligé, sous menaces de le mettre dehors, qu'il voulait rester auprès de moi, et que c'était pour cela qu'il avait céder.

Il me dit "pardonne moi ce n'était pas ma faute, reviens à la maison".

Ce que je fis, car dans cette maison, je revoyais plein de souvenirs et ça me faisais peur.

Revenue chez nous, je lui dis "je ne retournerais pas au travail, je veux m'occuper de ma fille, je ne veux pas la mettre en nourrice avec une personne que je ne connais pas", il me dit "oui, tu as raison".

Il n'avait le choix, vu les antécédents, et je rajoute samedi dans huit jours, on fera le baptême de Michèle, ce qu'il accepta bien sûr.

Michèle commençait à avoir des problèmes de santé, elle hurlait quand elle poussait pour les selles, j'appelle la pédiatre qui me dit "prenez une cuillère à café et attraper les selles pour la soulagée", ce que je fis, en essayant de pas lui faire mal.

Tous les jours, ce fut la même chose, mais je le faisais car cela lui faisait du bien, elle ne pleurait plus après.

Je suis retombée enceinte, Philippe était heureux, il voulait un garçon bien sûr, ce qui fut le cas.

Mais quand un de ses amis est venu un jour à la maison, et que Philippe était au travail, je ne l'aimais pas, donc je ne lui ai pas ouvert la porte.

Celui-ci insistait, et tambourinait dans la porte, par la peur, j'ai perdu ce bébé.

Philippe était en colère, sur le coup, pas après moi, mais après son copain, il lui a dit de ne jamais revenir à la maison, mais m'en voulait un peu d'avoir perdu son garçon.

Il me dit "tu n'avais pas à stresser pour ça", je lui en voulais pour cette réflexion, à l'écouter, j'aurais dû ouvrir au risque de me faire violer.

Vu mes antécédents ce n'était pas possible, je sais qu'il n'était pas au courant, mais quand même.

Nous n'avions plus de voiture, donc on a été en acheter une autre, mais cette fois une neuve, les occasions ne duraient pas longtemps.

Nous sommes remontés chez sa tante, il voulait faire voir la voiture à sa famille, qui me demander comment ça allée, je lui explique pour le bébé que j'avais perdu et pour les soucis que j'avais pour Michèle.

Elle me dit, "fait attention, car dans la famille, il y a une maladie héréditaire (la polypose recto-colique familiale), et c'est dangereux, voire mortelle, ma sœur est décédée à l'âge de 41 ans".

Elle m'a fait peur, je ne voulais plus d'enfants, j'en parle à Philippe, qui me dit "elle ne t'as pas dit que moi, il n'y avait pas de danger, je suis un garçon, je ne peux pas l'avoir, c'est que les filles, donc pas de danger pour mes enfants".

Je l'ai cru, il devait savoir mieux que moi, je ne connaissais pas cette maladie.

Sur le retour, "boum", il faisait nuit, et Philippe n'avait pas vu un berger allemand qui traversait la route, il est passé par-dessus.

On a essayé de rentrer comme on as pu, tout doucement en mettant de l'eau dans le radiateur souvent.

Le retour fut long.

Une fois arriver, on appelle le garage, qui est venu chercher la voiture pour la réparer.

Heureusement, elle était assurée tous risques, car on était obligé de faire un passage au marbre, ce qui coutait très cher.

Philippe me dit “elle ne vaut plus rien avec ce marbre, il faut la vendre, et avec l’argent, on en rachètera une autre”, je lui dis “oui”.

Avec cette autre voiture, nous sommes allés à Paris, Philippe voulait me présenter une autre de ses sœurs, elle était mariée avec un Égyptien, elle nous a gardé à manger.

Quand on s’est mis à table, celle-ci nous dit “je vous ait fait des truites aux amandes, on va se régaler”.

Philippe m’a regardé, je lui ai fait signe de ne rien dire, il savait que depuis, que j’avais perdu mon frère en mer, je ne digérais plus le poisson.

Je me suis mise à manger, en me disant, pourvu que cela passe, à peine arriver à la moitié, j’ai demandé les toilettes, j’avais envie de vomir, et je n’ai pas eu le temps d’y arriver, que cela était parti, je ne savais plus où me mettre, j’étais gênée.

Philippe expliqua à sa sœur, qui me dit “tu aurais dû me le dire, j’aurais fait autre chose”, je lui dis “non, quand on est invité, on doit tout manger, même si on n’aime pas, ou si on ne digère pas”.

Quelque temps plus tard, j’avais énormément mal au ventre, je vais voir le médecin qui m’hospitalise, je faisais une salpingite.

Avant de sortir de cet hôpital le gynécologue me dit “vous n’aurez plus d’enfants avec cette maladie, mais ce n’est pas trop grave, vous en avez déjà une”.

Quand nous sommes rentrés à la maison, j'ai continué ma petite vie tranquille.

J'ai fait des papiers pour une adoption, en précisant un garçon si possible.

Quelques semaines plus tard, on me propose un petit Coréen, j'étais contente, c'était un petit garçon et mon couple irait mieux si Philippe avait ce garçon.

Quand quelques mois plus tard, par surprise, je retombe enceinte.

Je ne comprenais pas, vu que je devais plus en avoir, je vais voir ce gynécologue, et lui dit, ce qu'il m'avait dit.

Donc là j'écris pour refuser cette adoption en expliquant que je suis de nouveau enceinte et que j'en était désolée.

Philippe me dit "j'arrête la restauration et je vais faire pêcheur, je gagnerais plus d'argent".

Je lui dis "oui, pas le choix, on a trois crédits de voiture et un deuxième bébé qui arrive, on ne va pas y arriver".

Pendant la grossesse, j'apprends que c'était encore une fille, le gynécologue me dit, que j'avais une seule trompe, qui avait été touché, et que je n'aurais que des filles, j'avais peur de le dire à Philippe, il voulait tellement un garçon.

Je finis par le lui dire, je vois bien qu'il était déçu et il me dit "ce n'est pas grave tant qu'elle n'est pas malade", moi je ne voulais pas de fille.

A huit mois de grossesse, je vais voir le médecin, car j'avais des contractions, il me dit "il faut vous reposer, le col commence à travailler et faudrait la garder un peu plus longtemps, elle n'a pas l'air d'être bien grosse".

C'était le jour de congé de Philippe, en arrivant à la maison, je lui dis "tout va bien, il faut que l'on aille faire des courses à Leclerc", il me dit "à pied, j'ai cassé la voiture, j'ai raté le virage, je suis rentré dans un mur".

Je lui dis "tant pis, faut que je fasse des courses avant de partir, elle va bientôt arrivée".

Il neigeait ce jour-là, on avait presque deux kilomètres à faire pour y aller, mais comme je voulais en finir, je dis "on va marcher doucement, mais il faut des courses".

Nous voilà partis, arriver dans le magasin, je commençais à faires mes achats, quand tout à coups, me voilà prise de bonnes contractions.
Philippe laissa le caddie dans un rayon, et appela un taxi pour m'emmener à la maternité.

Heureusement, maman était venue un peu à la maison, elle pouvait me garder Michèle.

Quand le taxi arriva sur place, je lui dis "il faut que je passe chez moi avant, je n'ai pas mon carnet de suivi de grossesse avec les papiers", il me dit "je veux bien, mais n'accoucher pas dans mon véhicule".
Arrivée à l'hôpital, on m'ausculte, et on me passe aussitôt en salle, pour me préparer, puis on me dit "pousser", ce que je fis, jusqu'au moment où malgré moi, je sentis des selles sortir, donc j'ai arrêté de pousser, tellement j'avais honte.

La sage-femme me dit "poussez, ce n'est pas grave, ça arrive souvent, vous n'êtes pas la seule".

Elle me dit "c'est une petite fille pas très grosse, elle s'appelle comment" ?

Je lui réponds "je ne sais pas, vous demandez à mon mari", qui répond "Emmanuelle".

Puis, Philippe retourne à la maison, il était un peu pressé, pour aller se reposer avant de repartir en mer.

Le lendemain, il vient me voir avec son patron, complètement démoli, je lui dis “tu as bu”, son patron me dit “on a fêter l’arrivée de la petite”.

Philippe a compris que je n’étais pas contente, il me dit “on rentre, je reviendrais”.

Trois jours plus tard, il n’était pas revenu me voir.

Je me disais, il y a carnaval, il préfère y aller que de venir me voir, donc je demande au médecin pour sortir, il me dit “oui, mais vous signez une décharge”, je ne lui dis “pas de problème”.

En rentrant à la maison, il n’était pas là bien sûr, donc j’ai attendu qu’il rentre, et à ma surprise, quand il est rentré, il n’était pas tout seul, mais avec deux filles.

Il a été surpris de me voir, bien sûr, je ne lui avais pas dit, pour voir ce qu’il faisait.

Les filles ont vu qu’il y avait un froid, donc elles sont reparties en lui disant “à demain”.
Bien sûr, je lui ai demandé des explications, il me dit “c’est des copines, c’est tout, je ne fais pas de mal”.

Pendant le week-end, une fille (Catherine), reviens à la maison, comme je ne croyais pas ce qu’il m’avait dit, je dis à Philippe, “je descends en ville avec Catherine, chercher des cigarettes, tu gardes les petites, c’est à mon tour de sortir un peu”.

Me voilà partie avec cette fille, en descendant la ville à pied, je lui dis “on descends jusqu’en bas d’un côté de la rue, on va boire un verre dans tous les cafés, et on fait pareil en remontant, tu es d’accord”, elle me dit “si tu veux”.

J'avais une petite idée en tête, la faire boire, pour lui poser des questions.

Je rigolais beaucoup avec elle, fallait qu'elle me considère comme une amie, sinon elle ne me parlerait pas.

Et voilà, à mi-chemin du retour, elle se mit à vomir, et à dire "je m'en veut, j'ai un secret, je t'aime bien comme copine, faut que je te le dise, je ne peux pas garder ça, cela me fait mal pour toi, tu es trop sympa".

Je lui dis "on va s'assoir dans un coin, quand tu iras mieux, et tu vas m'expliquer".

Une fois qu'elle allait mieux, elle avait un peu dessoûler, elle ne voulait plus rien dire, du moins, elle ne savait pas comment me le dire, je lui dis "je vais t'aider, tu me dis oui ou non, mais dis-moi la vérité, de toute façon, j'ai un doute".

Je rajoute "c'est bien ta sœur l'autre fille qui était avec toi, c'est Philippe qui me l'a dit", elle me répond "oui", et je rajoute "elle a couché avec lui, t'inquiète, je ne t'en voudrais pas, je veux seulement la vérité, on restera des amies si tu veux", et elle me dit "oui".

On rentre à la maison, et qui était là, sa sœur, je me suis mise à hurler "dehors, part de chez moi".

Philippe me dit "calme toi, c'est des amies", je crie "menteur, je sais tout, Catherine me l'a dit, je l'ai fait boire pour savoir, j'avais un doute", et je regarde Nathalie, et je lui dis "et toi tu ne dis rien à ta sœur, c'est moi qui lui ai dit de boire, tu n'as pas honte de coucher avec un homme marié et père de famille, dégage".

Quand elles sont parties, j'ai regardé Philippe, et je lui ai dit "je demande le divorce", et je suis partie me calmer dehors.

Mon frère habitait en face, il y avait des garages dans la descente de chez lui, je lui allée me calmer par-là, je me disais que Philippe n'allait pas me trouver à cet endroit.

Il avait laissé les filles à ma mère, pour aller me chercher, je ne sais pas comment il a fait, mais il m'a trouvé.

Et comme la première fois, il a réussi à me faire revenir au chantage.

Il me dit “on va déménager, on va faire construire, je te jure que je ne recommencerais pas, j'avais bu”.

Moi, comme une idiote, je dis “ok, mais une fois que la maison sera payée, on la vend pour acheter un manège, comme tu ne peux pas t'en passer, je m'en fou, j'aime ça aussi, et comme cela, on ne sera jamais au même endroit”.

Il me dit “comme tu veux, oui se serait bien”.

Les jours suivant, je vais voir un constructeur de maison, en lui disant que je voulais un coin calme, en campagne, ce qu'il me trouva assez rapidement.

On a racheté une voiture, c'était obligé, pour partir à la campagne.

On a choisi notre terrain, dans une citée qui se montée, on était les deuxièmes, et j'avais demandé avant de dire “oui”, si c'était constructible dans le champ en face, on me répondit “non”, donc nous avons pris celui de 520 mètres carrés.

On monte le dossier, avec un peu de mal, car on payait pour trois voitures, donc trois crédits, et pour avoir le crédit immobilier, ce ne fut pas facile.

Le négociateur, pour ne pas perdre la construction a réussi à nous trouver un organisme prêteur à un taux élever, mais tant pis, je voulais ma maison.

Pendant la construction, Philippe a renoué les liens avec Catherine et Nathalie.

Je l'ai laisser faire, car elles m'ont dit “on veut être vos amies c'est tout”, et j'ai dit “ok”, mais dans ma tête je me disais (“toi le jour où tu auras quelqu'un de sérieux, je te ferais la même chose que tu m'as fait, et tu verras comment cela fait mal”).

On était souvent invité chez leur parent, je les aimais bien, et leur père me faisait mal, il était malade d'un cancer, il était très gentil.

C'était une famille de neuf enfants, dont il y avait encore trois jeunes, je repensais à moi, je me disais, ils vont être malheureux quand il partira.

Je me suis attachée à cette famille, ils n'avaient pas beaucoup d'amis, ne voyaient personnes, autant qu'ils nous aient.

Mais ce que je m'étais dit sur leur fille, que ça resterait dans mon esprit quand même.

D'ailleurs, elle a eu un enfant, mais pas de père pour celui-ci, la chance n'était pas avec elle, dommage, je ne pouvais toujours pas me vengeais, mais le bon dieu l'avais fait pour moi, d'une autre façon.

Entre l'appartement et le déménagement dans notre maison, maman m'a appelée, elle avait peur, son ami avait menaçait mon petit frère avec un couteau sous la gorge, il avait bu bien sûr.

Quand Philippe est rentré du travail, je lui dis “on monte en Bretagne aller-retour, je vais chercher Eric, l'autre abruti veut le tué, je ne vais pas le laisser là-bas”.

Et nous voilà parti, arriver sur place, je dis à maman “j'emmène Eric chez moi, je fais finir de l'élever, et toi tu veux rentrer ou pas”, elle me répond “non, sans Eric ça ira peut-être mieux, pour l'instant, je reste".

Quand Emmanuelle a eu quatre mois environ, elle est montée en fièvre (pratiquement 41), le médecin l'a hospitalisé aussitôt.

Ceux-ci lui ont fait une ponction lombaire, je l'entendais hurlée dans le couloir, diagnostique, elle faisait une méningite sévère.

Elle était branchée de partout, elle est restée environ deux mois à l'hôpital, et à sa sortie, ils m'ont dit, qu'elle pouvait gardée des séquelles.

En avril 1985, on arrive dans notre nouvelle maison, j'étais contente, on avait que deux chambres au rez-de-chaussée, mais on pouvait refaire des chambres à l'étage plus tard sous les mansardes, les filles pouvaient dormir dans la même chambre.

J'avais 20 ans, mon frère Noël, me disait "tu es folle, tu n'arriveras jamais à la payer", je lui répondis "on verra, au moins je ne paie pas un loyer à fond perdu, c'est pour nous".

Je me disais, il me dit ça parce moi je vais être propriétaire avant lui, alors que je suis plus jeune, il doit être jaloux, surtout que lui est patron et il est locataire.

Dès que les beaux jours arrivèrent, je mettais les filles à jouer dehors, enfin Emmanuelle était dans un parc, Philippe avait mis un grillage, autour du terrain, pour pas que Michèle, qui marchait, sorte pas en dehors de celui-ci, au cas où une voiture passerait.

Philippe allait au travail, et faisait les courses comme il pouvait.

En 1986, je refais une grossesse, par accident, je n'avais pas le droit à la pilule, ni au stérilet, et comme j'étais contre l'avortement, je décidais de garder ce bébé.

Je dis à Philippe, "je te préviens, je demande au gynécologue pour accoucher à la maison, j'ai le droit", il me dit "renseigne toi avant".

Ce que je fis, le gynécologue me dit “c’est possible, vous stérilisez des ciseaux, etc....”, enfin, il m’explique tout ce qu’il faut faire, et ensuite appeler une sage-femme pour qu’elle vienne vérifier si c’est bien fait, et voir si votre bébé est en bonne santé.

Revenue à la maison, j’explique tout à Philippe qui me dit “ok”, et je lui rajoute “c’est encore une fille”.

En moi-même, je me disais, en accouchant à la maison, il ne pourrait pas me tromper, je n’avais plus confiance en lui.

Un jour, d’autres maisons se construisent dans la cité.

Et deux maisons plus loin, qu’est-ce que je retrouve, mon amour d’enfance.

Eh oui, c’était Daniel que je regardais, quand j’étais petite, à travers les buissons, quand on allait chez ma tante Paulette, je me suis liée d’amitié avec lui et sa femme, ainsi que Philippe.

On allait souvent boire le café chez eux, et eux chez nous.

Jusqu’à la fin de la grossesse, je m’étais préparer à avoir une fille, pour ne pas réagir comme avec Emmanuelle, que je n’avais toujours pas accepter.

Je voulais l’appeler “Jennifer”, mais cela ne plaisait pas à Philippe, il me dit “je préfère Audrey”.

Le 20 juin 1987, on regardait un film à la télévision, je dis à Philippe, je vais tout préparer, elle ne va pas tarder, il me dit “attends la fin du film”.

Plus ça aller, plus j’avais des contractions insupportables, je sentais qu’elle poussait.

Le film se termine, quand il se mets à me dire “tu montes dans la voiture, j'arrive, je préviens Eric, pour qu'il surveille les filles, je ne veux pas le faire".

Comme j'en pouvais plus, je suis montée dans la voiture en me disant "tu vas me le payer après".

Arrivée à l'hôpital, il était temps, la tête était au bord, prête à sortir, les infirmières m'ont emmenées, dans un fauteuil roulant, directement dans la salle d'accouchement.

Peu de temps après, elle était là.

Le lendemain, comme je savais qu'il allait rentrer de bonne heure de la pêche, je suis sortie de l'hôpital avec Audrey, qui n'avait que dix heures de vie.

Je suis allée attendre Philippe dans un café, d'où je savais qu'il y allé en rentrant de la pêche.

Ceux-ci, ne me croyais pas, les gens disaient "elle a huit jours", je répondis "non, elle a que dix heures", ils ne me croyaient pas bien sûr.

Quand Philippe entra dans ce café, il me dit "qu'est-ce que tu fais là, tu es folle", je lui dis devant tout le monde "c'est con, tu ne peux pas me tromper, je suis sortie aussitôt".

Nous avons bu un café, et nous sommes repartis à la maison.

Depuis ce jour, on ne s'entendais plus, il me parlait mal, et moi, je lui reprochais tout le temps ce qu'il m'avait fait quand on avait eu Emmanuelle.
Eric, ayant eu dix-huit ans, il est parti chez lui avec sa future femme, il en avait marre d'être chez nous, à nous entendre se disputer sans arrêt.

Audrey avait onze mois, c'était le 5 juin 1988, Philippe et moi se somment mis à se disputer fort, au point qu'il a voulu me frappée avec une poêle.

N'acceptant pas son geste, je me suis mise dans la salle, à faire mes valises, pour moi et les filles, et cette fois-ci, je ne pardonnerais plus.

D'un coup, ça s'est mis a frappé à la porte, Philippe me dit "va ouvrir, j'ai invité Daniel et Marilyne à venir boire le champagne", je lui réponds "tu te démerde".

Il leur dit de venir s'assoir dans la salle, il remplit les coupes de champagne, pendant que je mettais le manteau des filles et chargé la voiture.

Daniel se mets à dire "tu pars, on dérange peut-être", et Philippe se mets à dire "non, non, je vous ai dit de passer, elle va se calmée, ce n'est rien".

Il leur donne une coupe, et quand je suis revenue pour voir si je n'oubliais rien, il m'en tend une, je lui dis "c'est pour quoi ta coupe", il me répond "ben on trinque pour nos six ans de mariage".

Donc, j'ai pris cette coupe, et dit en regardant Daniel et Marilyne "désolée, mais pour moi je fête ma première journée de divorce", j'ai bu une goutte, j'ai posé celle-ci sur la table, et je suis partie.

Je suis allée chez une cousine Claudine pour me cacher.

Dans la soirée, ça frappe à la porte, je dis à ma cousine, "cache-moi avec les filles avant d'ouvrir, je suis sûre que c'est Philippe".

Effectivement, c'était lui.

Une fois repartie, elle me dit "tu ne peux pas rester ici, il va revenir, et je n'ai pas assez de places, c'est bon pour cette nuit, mais faut que tu trouves une solution".

Donc, j'ai appelé mon petit frère Eric, pour lui demander l'hospitalité, le temps de me retourner pour trouver un logement.

Ce qu'il acceptât bien sûr.

On dormait sur des matelas dans la salle, dans l'attente de ce logement.

Je voyais bien que sa femme, au bout d'un mois à peine, en avait marre, mais j'attendais une réponse de l'assistante sociale.

Celle-ci a réussi à m'avoir un logement HLM avec trois chambres, c'était parfait.

Philippe a réussi à trouver où j'étais, il est venu me voir, j'étais obligée de lui ouvrir la porte, pour qu'il voit ses filles, et les prendre un week-end, ou une journée quand il voulait bien sûr.

Tant que l'on n'était pas divorcé, on s'arrangeait à l'amiable.

Il m'a supplié de revenir avec lui plusieurs fois, mais je n'ai pas cédé.
Je me suis dit, non, cela sera comme avant, il recommencera, donc il ne fallait pas que je cède.

Michèle avait cinq ans, et me dit “on ne retourne pas chez papa, il est méchant”.

Quand il prenait les filles pour le week-end, je mettais la musique forte, et je dansais toute seule dans la salle, avec une bouteille d'alcool à la main.

Au bout de deux ou trois fois, je me suis mise à regarder cette bouteille, et je me suis dit, ne fais pas cette bêtise, tu ne vas pas devenir comme ta mère, tu es anti-alcool, continue pour tes filles, ne plonge pas là-dedans, et j'ai arrêtée.

En bas de l'HLM, j'ai rencontré un garçon, plus jeune que moi, je l'ai invité à venir boire un café.

Celui-ci s'est mis à m'embrasser, et venait dormir à la maison de temps en temps, les filles l'aimaient bien.

Quand Philippe l'a vu, il n'est plus venu chercher les filles.

En fait, il les prenait dans l'espoir de revenir avec moi, les filles en elle-même, ne l'intéressait pas, il voulait me faire croire qu'il avait changé, pour que je reparte avec lui.

Ce garçon se prénommait Christian, il disait être fou amoureux de moi, me présenta à sa famille qui nous invitait à manger de temps en temps.

Je croyais en lui, jusqu'au jour où je l'ai surpris avec une autre.

Je n'ai rien fait, je n'ai rien dit non plus, je suis rentrée chez moi en me disant que s'il revenait à la maison, je lui demanderais des explications.

Ce que je fis, quand il est revenu, plusieurs jours plus tard.

Il me dit, "c'est une copine c'est tout", comme une idiote, je lui ai pardonnée et je l'ai cru.

Par la suite, il ne venait qu'une fois de temps en temps, donc je me posais des questions, et je me disais, ce n'est pas encore lui l'homme de ma vie.

Mais, quand il revenait chez moi, je le gardais, et ne lui disais rien, pour l'avoir plus longtemps près de moi, je me disais que peut-être qu'un jour il resterait, je m'y étais attachée.

Quelques jours suivants, je ne le voyais plus du tout, je suis allée chez sa mère, et j'ai demandais s'il était là.
Il est sorti, et m'a demandé ce que je voulais, il me dit "c'est fini entre nous, j'ai quelqu'un d'autre", je lui réponds "ok, tu es

honnête de me le dire, mais je voulais te dire que j'attendais un bébé, je ne veux pas que tu reviennes pour lui, je ne veux pas de pitié, je vais me faire avorter, ne t'inquiète pas pour moi".

Et quand je me suis mise à partir, il me rattrape, et me dit "pardon, je ne savais pas, je vais arrêter avec l'autre, je veux revenir avec toi", et il m'a embrassé et m'a suivi.

Mais, au bout d'un mois, j'ai perdu ce bébé, et il est reparti, je me suis dit c'est fini, il était revenu pour le bébé, pas pour moi.

Je décidais de l'oublier, j'avais mes filles, et j'avais le temps pour refaire ma vie.

Une journée, j'ai cru perdre Audrey, elle avait environ treize mois, elle me faisait des crises de convulsion, l'hôpital me l'a redonné en me disant, "il faut lui donner cinq gouttes de dépakine tous les jours à la même heure, jusqu'à l'âge de cinq ans".

Encore une de malade, trois filles et trois malades.

Un matin, ça sonne à ma porte, c'était un huissier, il venait me dire que personne payer la maison, que j'avais laissé à Philippe, et qu'il allait me saisir si je ne payais pas tout le retard, qui était d'un an.

Je lui dis "non, aller voir M. BOUCHEREAU, c'est lui qui a gardait la maison, moi je n'ai rien à voir là-dedans", il me répond "vous avez acheté tous les deux, donc vous devez payer aussi, c'est la loi", puis il est parti.

J'étais dans tous mes états, que pouvais-je faire pour me sortir de cette catastrophe ?

J'avais mes filles, je ne pouvais pas travaillée, et l'argent que je percevais tous les mois, c'était pour payer le loyer et donner à manger à mes enfants.

Le destin s'acharnait sur moi.

Le lendemain, j'appelle Philippe, et je lui dis "faut que tu viennes me voir, c'est urgent".

Quand il est venu, je lui dis "cela va faire un an que tu as la maison, et tu n'as rien payé, l'huissier est venu, c'est toi qui la gardes, et c'est à moi de payé, on va où", et je rajoute, "si tu n'en veux pas, tu me le dis et moi je la reprends, mais tu pars".

Donc, déduction, j'ai repris cette maison, obligée de déménager, fallait trouver une solution.

Nous sommes allés au notaire pour mettre cette maison à mon nom de jeune fille, et je me suis portée garante pour la payer toute seule, je me battrais pour la garder.

Pendant un an, je n'avais pas le droit à l'allocation logement, il fallait payer tout le retard avant d'y avoir le droit.

Entre deux, je suis allée voir Philippe l'attendre à la sortie du bateau, il fallait que je lui parle, quand tout à coup, je voie une voiture s'arrêter à côté de la mienne.

Je regarde qui c'était, et là, je voie le père de Philippe, qui n'était jamais descendu en Normandie, frappait au carreau de ma voiture, pour me dire "c'est du beau de divorcer, une bite et une bite, c'est toutes les mêmes, ça ne te portera pas chance, et paie la maison, j'ai accepté de cautionner, je te préviens, il ne faut pas que j'aie des problèmes pour ça".

Je n'ai pas répondu, j'étais tellement surprise qu'il me dise cela, ce n'était pas moi qui étais en tort, c'était son fils, et c'est moi qui prenais encore, il avait dû croire, que j'avais trouvé un autre homme.

De colère, je n'ai pas attendu Philippe, je suis repartie.

Pourquoi il n'avait pas dit la vérité à son père ?

Pourquoi il était venu ?

Mais en réfléchissant, par la suite, je pense qu'il avait dû avoir reçu un courrier, sur lequel on ne payait pas la maison et comme il avait cautionner pour cette maison, ce serait à lui de la payer.

Donc, je devais payée deux traites du crédit tous les mois, j'avais pris un arrangement avec l'organisme prêteur, pour rattraper ses conneries et gardais cette maison.

Pour y arriver, l'assistante sociale m'avait donné la banque alimentaire, pour que mes filles aient assez pour manger, elle me disait “un repas normal par jour suffit, et le soir une soupe et un yaourt”.

Je n'étais pas trop pour, donc, moi je mangeais que du pain avec une sardine à l'huile, pour qu'elles puissent manger à leur faim.

Au bout d'un an, j'ai eu le droit de retrouver l'aide de la CAF pour payer les traites de la maison, je n'avais à ce moment-là, rien à mettre au bout, j'allais vivre mieux.

Enfin je le pensais.

Par moment, j'en pouvait plus, je déprimais, à plusieurs reprises, j'ai avalé des médicaments, je voulais en finir, mais je ne prenais pas les bons, pour quitter ce monde.

Un jour, je suis allée voir ma mère, qui était revenue chez elle quelques jours, j'avais emmené mes filles avec moi, elle me dit “tu emmènes tes filles toutes nues, tu ne les as pas habillées”.

Je prenais trop de médicaments, je n'avais pas fait attention qu'elles n'étaient pas habillées.

L'assistante sociale venait voir de temps en temps, si j'avais besoin de quelque chose.

Elle s'est aperçue que je n'étais pas bien, et me dit "allez voir un médecin, dite-lui de vous hospitalisez quelques jours, vous irez mieux après", je lui dis "et mes filles", elle me répond "je vais leur trouvées une famille d'accueil, pendant ce temps-là, on vous les redonnera ensuite, ne vous inquiétez pas".

Je lui ai fait confiance.

Je me suis faite hospitalisée, pour une cure de sommeil, pendant deux mois.

Pendant cette cure, la personne qui s'occupait d'Emmanuelle, est venue me rendre visite avec elle, ne pouvant pas être ensemble toutes les trois, elle était séparée de ses sœurs.

Je lui ai demandé pardon, j'avais été horrible avec elle, je ne l'avais toujours pas accepté comme ma fille.

Je faisais comme maman, c'est elle qui prenait des coups, quand il y avait des bêtises de faites, elle prenait pour ses bêtises et celles de ses sœurs.

J'ai connu un homme dans cet hôpital, il me disait, qu'il s'occuperait de moi quand je sortirais, je l'ai cru.

En fait, je lui ai fait voir ma maison, il est resté sans me demander mon avis.

Au bout de huit jours, je l'ai mis à la porte, il buvait, me menaçait, je ne me suis pas laissé faire.

J'allais régulièrement en hôpital de jour, pour finir ma thérapie.

J'étais avec des handicapés mentaux, mais je n'avais pas le choix, il fallait que je sois sûr de moi, avant de reprendre mes filles.

Un jour, Christian est revenu, il voulait revenir avec moi, sa copine, qu'il avait en même temps que moi, avait appris notre relation, elle s'est jetais par la fenêtre du cinquième étage et en ait décédée.

Ne voulant plus être toute seule, et comme j'avais encore des sentiments pour lui, je l'ai repris.

Ont allé boire le café, de temps en temps, chez Daniel et Marilyne.

Je revoyais mes filles le dimanche, pour commencer, Michèle hurlait pour repartir, elle voulait restée avec moi, cela me faisait mal à chaque fois, j'avais l'impression d'avoir abandonné mes filles.

Mais l'assistante social m'avait eu, elle ne voulait pas me les redonner, tant que je n'étais pas totalement guérie.

Avec Christian, en fait, c'était plus comme avant, il cherchait un foyer pour l'héberger, avec moi, c'était plus pareil, donc je pris la décision de lui dire de partir.

Voilà, encore une fois, je me retrouvais seule, mais pas question que je replonge dans la déprime, il fallait que je récupère mes filles.

Un peu plus tard, Marilyne vient me voir, pour me demander, si à tout hasard, je connaissais une personne sur Granville, pour garder sa fille.

Je lui dis “je vais en parler à ma belle-sœur, on ne sait jamais, je te redis”.

Ma belle-sœur m'a dit qu'elle était intéressée, donc elle est venue à la maison pour que je la présente à Daniel et Marilyne.

Ils se sont liés d'une grande amitié, au point qu'ils se faisaient des sorties ensemble.

Le jour de mon divorce arriva, c'était le 29 septembre 1989, ça y est, j'étais redevenue entièrement libre.

Pendant un certain temps, j'essayais de refaire ma vie, sans succès, il y avait toujours quelque chose (ou c'est moi qui devais travaillée et lui rester à la maison, ou on ne voulait pas de mes filles, ou on venait me le prendre, exemple ma cousine Claudine qui m'avait hébergé une nuit), dont elle s'est mariée avec.

Je me suis dit "je vais monter à Paris, voir si je retrouve les amis que j'avais quand j'étais mineure".

J'en ai retrouvé un, qui me dit "si tu veux vivre avec moi, tu t'occuperas de ma mère qui est dans un fauteuil roulant, tu feras le ménage, la cuisine et tu ne sors pas de la maison, tant que je ne suis pas rentré du boulot".

A ces mots, je me disais, encore un qui veut me donner des ordres, il n'en ait pas question, quand il partira demain matin au travail, je me casse, et repart chez moi.

Je ne suis restée qu'une journée.

Ne connaissant pas mon adresse, il ne pouvait pas me retrouvée.

Une fois revenue chez moi, Philippe venait de temps en temps, boire un café, mais en tant qu'ami, pas plus, je lui avais bien fait comprendre.

Un soir, je me sentais seule, je vais chez Marilyne et Daniel pour me faire offrir un café, je frappe chez eux et rentre, quand je voie un bidon de lessive liquide passait devant moi.

Je m'en allais faire demi-tour, quand Daniel me dit "rentre, elle va se calmée".

Je me sentais gênée, j'arrivais pendant une scène de ménage.

Le lendemain, en octobre1989, mon frère Noël, vient me voir à la maison, j'ai trouvé cela bizarre, il ne venait jamais.

En fait, c'était pour me demander un service, il fallait que j'accepte qu'il rencontre Marilyne chez moi.

Je me demandais pourquoi ?

Il me dit, “je sors avec Marilyne, elle va venir boire un café ici, pour que l'on puisse se voir et parler”.

Je lui dis “tu es fou, je ne veux pas avoir d'histoire”.

Il me dit “juste une fois, il faut que l'on parle, c'est tout, on se voit ailleurs en journée, mais là c'est important et urgent”.

Je lui dis “ce soir, mais après, vous vous débrouillez, je ne veux pas en être mêler”.

Quinze jours plus tard, le soir, Daniel frappe à ma porte, pour me dire, que Marilyne était partie avec Noël chez lui, et qu'ils avaient envoyé Thérèse chez lui, pour être tranquille, et pour qu'elle ne soit pas à la rue avec ses filles.

Il me demande, si j'étais au courant et si je les avais aidés à se voir.

Je lui dis “non”.

Il venait passée ses soirées avec moi, mais, comme c'était un homme, il couchait avec Thérèse bien sûr.

Un soir, Daniel me dit “tu mets de la musique”.

Ce que je fis, ensuite, il me dit “tu danses”, je lui dis “ici, tous les deux”, il me répond “oui, tu ne veux pas” ?

Je dis “si, si tu veux, mais c'est un slow”., il dit “oui, je sais, tu ne veux pas”.

Pendant cette danse, il s'est mis à m'embrasser, je n'en croyais pas mes yeux, l'amour secret de mon enfance, était là avec moi.

Nous avons été dans la chambre, au bout d'un moment, il me dit "je vais retourner à la maison, Thérèse va s'inquiétée".

Déçue, je me disais, encore un, pour une soirée, dommage, j'aurais bien voulu le garder celui-là.
En fait, je m'étais trompée, il revenait tous les soirs.

Il venait avec sa côte de travail, pour avoir un prétexte à dire à Thérèse, il lui disait qu'il m'avait demandé, pour lui laver ou pour lui réparer, ce qui était faut bien sûr.

Un soir, je lui dis "il va falloir que tu choisisses entre Thérèse ou moi, on ne peut pas continuer comme ça, à se cachait pour se voir, je ne me sens plus à l'aise devant elle, elle va finir par se poser des questions".

Quand ils sortaient en boîte, un week-end sur deux, Daniel voulait que j'aille avec eux, et Philippe de temps en temps, sauf une fois ou Thérèse ne voulait pas que je suive.

Elle voyait que Daniel dansait tout le temps avec moi.

Un jour, en boîte, ont été assis tous les trois, et deux filles se moquaient de ma belle-sœur, je lui disais de se défendre, et elle me dit "laisse-les, elles ont bu, elles vont se calmées".

Comme cela m'énervais, j'ai attrapé un pouf que je leur ai balançait et elles sont parties.

A cette époque, j'avais une vieille voiture, je travaillais sur Granville.

Un jour, en rentrant du travail, voilà que sur cette voiture, le moteur a lâché, résultat, plus de voiture.

Je suis rentrée à pied jusqu'à chez moi.

Daniel, ne me voyant pas rentrée, était au pied de sa porte à m'attendre.

Quand je suis passée devant chez lui, il m'arrête et me dit "tu étais où" ?

Je lui explique ce qu'il m'était arrivée, il me dit "vient à la maison, on va en parler".
Thérèse avait mis la table, et me dit "désolée Brigitte, tu vas revenir plus tard, on se mets à table, déjà c'est froid".

Et là, je savais plus où me mettre, Daniel a monté le ton, sur Thérèse, et lui dit "c'est moi qui lui ai dit de rentrer, d'abord toi, tu n'as pas à commander chez moi, et si tu ne le sais pas, je sors avec Brigitte, donc toi, tu dégages".

Elle prit toutes ses affaires et partie.

Je dis à Daniel, "pourquoi tu as fait ça ?

Je n'étais pas bien, tu n'aurais pas dû le faire devant moi".

Il m'a dit "elle n'aurait rien dit, que tu étais là, cela ne serait pas arrivé, maintenant, on est libre, de toute façon, il fallait que cela s'arrête, tu me l'avais dit".

Je lui dis "tu aurais pu arrêter avec moi, et la garder", il me répond "non, c'est toi que je préfère", je lui dis "pourquoi moi" ? Il me dit direct "tu fais mieux l'amour, avec Thérèse, c'est froid, elle ne ressent rien".

Les jours suivants, Daniel m'emmenait au travail, comme il allait travaillait à Granville aussi, et me reprenait le soir, on ne se quittait plus, ou presque.

Un soir dans la voiture, je lui dis "c'est sérieux avec moi, tu n'iras pas avec une autre" ?

Il me répond "non, je te promets de rester avec toi, tu peux me faire confiance".

Thérèse avait repris son appartement à Granville, Noël et Marilyne sont revenus dans la maison où était Daniel.

Marilyne dit à Daniel, “il y a une chambre au sous-sol, tu vas y dormir, tu mangeras avec nous dans la cuisine”.

Daniel n’était pas bien dans sa peau, il venait tous les jours à la maison, me disait qu’il dormait dans le sous-sol, que Marilyne gardait son salaire pour payer la maison, que ce n’était pas normal, mais comme il habitait chez eux, qu’il ne pouvait rien dire.

Le 10 juin 1990, je finis par dire à Daniel, “viens habiter chez moi, tu pourras récupérer ton salaire, avec celui à Noël et le sien, elle a assez pour payer cette maison, tu n’es plus avec, donc tu n’as pas à la payée”.

Ce qu’il accepta, et le soir même, il arriva chez moi, avec ses affaires.

J’étais heureuse, j’allais vivre avec le jeune homme de mon enfance, que je n’avais jamais oubliée, malgré tout ce que j’avais vécu depuis, en me disant, j’espère que c’est pour le restant de nos jours, que c’est le dernier pour moi et le bon.

Deux jours plus tard, Daniel me dit “on va faire des courses, il faut manger, c’est moi qui vais payer”.

Nous sommes allés à Leclerc, je n’osais pas me servir dans les rayons, donc je n’avais pratiquement rien pris.

Daniel me dit “c’est tout, prends ce qu’il faut, c’est normal que je paie, je suis chez toi, on est ensemble maintenant”, et il rajoute, “de toute façon, maintenant, c’est toi qui auras mon salaire, tu te débrouille, du moment que l’on n’est pas à découvert, et que l’on fasse le mois”.

Je ne m’y attendais pas, surtout aussi vite, il me faisait confiance.

Je me disais, s'il dit cela, c'est qu'il veut vraiment vivre avec moi.

Enfin, j'avais vraiment trouvé l'homme de ma vie, sans chercher ou presque.

Comme nous n'avions pas encore d'enfant, on continuait à sortir en boîte le samedi soir, on aimait bien allait au Madison pas loin de chez nous.

Un samedi, dans cette boîte, une fille est venue nous voir pour nous demander du feu pour allumer sa cigarette, et aussi, nous demander si elle pouvait s'assoir avec nous, comme elle était toute seule, Daniel a accepté.

Elle s'est mise à nous dire qu'elle s'était prise de tête avec son mari et qu'elle fêtait ses trente et un ans toute seule, ça nous regarder pas, mais si ça pouvait lui faire du bien, on l'écouter.

Ensuite, elle demande à Daniel s'il voulait danser un slow avec elle, qui lui a répondu ''oui", alors que moi il ne me l'avait pas demandé auparavant.

J'étais vénère, mais je n'ai rien dit, par contre je les surveillais de près, j'étais fixée sur eux, jusqu'au moment où je vois Daniel qui s'en allait dehors.

Je me suis dit qu'il avait peut-être chaud, qu'il allait sûrement prendre un peu l'air, jusqu'au moment où je voie la fille qui allait aller le rejoindre, je l'ai interpelé au passage, et je lui ai demandé où elle allait.

Elle me répond ''je vais rejoindre le gars qui était avec toi, il m'a dit qu'il n'était avec personne, on va se voir dehors", et là je lui dis ''je te préviens c'est mon mec, si tu vas le rejoindre, je te pète la gueule".

En fait, elle n'y est pas aller et elle est partie faire une autre conquête.

Un moment après, Daniel revient, il a dû en avoir marre de l'attendre, il se rassoit à côté de moi sans rien dire.

Je me mis par lui dire ''tu attendais la fille dehors ?", il me dit ''non, pourquoi", et je lui réponds ''pourquoi tu me mens, je l'ai attrapé au passage et je lui ai dit ce qu'elle m'avait dit et ce que moi j'ai répondu soit : que si elle s'approchait de lui je lui pèterais la gueule, et qu'il pouvait l'attendre longtemps.

Il me dit "pourquoi ? On n'est pas marié", je réponds "on est ensemble c'est pareil".

Revenus à la maison, je lui dis ''je croyais que tu voulais refaire ta vie avec moi ?", il me dit ''oui, mais c'est elle qui me chercher", et je réponds ''pourquoi tu lui as dit que tu étais tout seul ? tu ne veux plus de moi".

Bien entendu pas de réponse, il ne savait plus ce qu'il allait me dire.

Donc je poursuis ''puisque c'est comme ça, on ira plus en boîte, on fera autre chose et je te jure que si un jour on a des enfants, la première fille s'appellera Madison et comme cela tu te rappelleras toute ta vie de cette soirée"

Au noël suivant, nous sommes allés le passé chez ma mère en Bretagne, J'ai offert une montre à Daniel, vu que j'avais vu, qu'il n'en avait pas, il s'est mis à pleurer et a dit "cela fait drôle, je n'avais jamais eu de cadeaux".

J'étais surprise de ses mots, et était fière de moi, je le rendais heureux.

Un peu plus tard, j'appelle l'assistante sociale, pour lui dire que je voulais reprendre mes filles, elle me répond, "elles ont grandies, il faut qu'elles aient une plus grande chambre et des lits pour chacune".

J'étais folle, Daniel me dit "j'ai un beau-frère, qui est dans le domaine, je vais lui demander, s'il veut bien nous faire des chambres là-haut, à l'étage, on récupérera tes filles après".

Une fois faites, ainsi que les lits achetés et commodes, je rappelle l'assistante sociale, elle vient chez moi pour contrôler et me dit "pour l'instant, vous les aurez un week-end sur deux, il faut que l'on soit sûr que vous allez être stable, et que vos filles soient bien".

Je n'en croyais pas mes yeux, ce n'est pas ce qu'elle m'avait dit au début, quand elle avait mis mes filles en famille d'accueil.

J'avais fini ma thérapie pour me soigner et je devais les récupérer ensuite, elle m'avait menti.

Quand mes filles venaient le week-end à la maison, j'étais heureuse.

Mais le dimanche quand leurs nourrices venaient les reprendre, Michèle ne disait plus rien, mais avait des larmes aux yeux, Audrey hurlait, et se cramponnait à moi, elle ne voulait pas partir.

Emmanuelle se trouvait bien dans sa famille d'accueil, elle était plutôt contente de repartir.

Une fois les filles reparties, j'allais dans ma chambre, pour pleurer, cela me faisait mal, je jouais du synthétiseur, pour me consoler, en me disant, vivement samedi dans quinze jours.

Daniel savait que je n'étais pas bien à ce moment-là, il me laissait tranquille, il savait que je voulais voir personne, qu'il fallait que je sois seule.

Maryline est venue nous dire qu'elle attendait un bébé de Noël.

Daniel a eu du mal à acceptait cette grossesse, car il n'arrivait pas à en avoir un deuxième quand il était avec elle, il commençât à boire.

Maryline a eu une petite fille, Daniel était le parrain.

Il avait accepté, mais avait des regrets, cela lui faisait mal, son ex-femme le mettait parrain de sa fille, et en plus aller devenir sa belle-sœur, c'était un cauchemar pour lui.

Un peu plus tard, je reçois une lettre pour Daniel, avec le nom d'une fille au dos de celle-ci.

Je pris l'initiative de la lire, c'était noté qu'il me trompait, qu'elle l'attendait, elle demandait pourquoi, il allait plus la voir, que je n'étais pas une fille pour lui.

J'attrape le téléphone, et j'appelle Daniel chez son patron, je lui dis "ne remets pas les pieds chez moi, demande à ta put de t'héberger", il me dit "c'est quoi ces conneries, je te jure que je n'ai personne, je finis le travail et on en parle à la maison".

Je raccroche, et je me suis mise à pleurer, devais-je le croire ou pas ? Je ne savais plus ce que je devais pensée.

Daniel rentre et me demande cette lettre, je lui fais voir, il me dit "je ne sais pas qui a écrit cela, demain tu portes plainte, c'est une personne qui veut nous faire rompre".

Vu qu'il me disait d'aller portait plainte, je lui faisais confiance.

J'ai fait ma petite enquête, et j'en ai déduit, que c'était la fille, d'une voisine qui était en face de chez Noël et Maryline, qui était amoureuse de lui et ferait n'importe quoi pour l'avoir.

En passant à pied devant chez eux, je me mets à dire à voix haute "celle qui a envoyé une lettre à Daniel, est arrivée à la gendarmerie, on attend la deuxième pour bouger".

Comme par hasard, on n'en a jamais reçu de seconde, donc déduction, c'était bien eux.

Je le dis à Daniel, qui me dit, je n'en veux pas, je suis bien avec toi, et elle, elle est comme sa mère et son frère, elle est malade psychologiquement, ils sont tous bon à enfermer là-dedans.

Au bout d'un an, toujours pas de grossesse pour moi, j'étais triste.

Je voulais un enfant avec Daniel, je me disais, l'assistante sociale verra qu'avec Daniel, je suis stable, puisque j'aurais un enfant avec, et elle me redonnera mes filles.

Je vais voir le gynécologue qui me donne un traitement pour avoir cette grossesse.

Deux mois plus tard, je suis tombée enceinte, mais je ne pouvais pas le garder, je devais me faire avorter, ce bébé était dans les trompes, donc pas viable.

Dans la voiture, je pleurais, je n'acceptais pas ce qu'il m'arrivait, Daniel me dit "t'inquiète, on va en avoir un autre".

Maman vient un week-end chez nous, je lui en parle, elle me dit "viens avec moi, on va aller dans une église où tu n'as jamais été, on va mettre un cierge à sainte Thérèse et tu feras ton vœu".

Nous voilà parties dans celle-ci, dans ma prière, je disais "sainte mère exauçait ce vœu, s'il vous plait, je voudrais un enfant avec Daniel, un garçon si possible même handicapé, ce n'est pas grave, je l'aimerais de tout mon cœur, il ne sera pas malheureux".

Mon vœu s'exauçât, j'étais enceinte, et d'un petit garçon, j'étais comblée, Daniel était content, autant que moi.

Le 31 juillet 1992, Philippe est venu passait la soirée avec nous, je ne me sentais pas bien, je me suis excusée et je suis allée me coucher, le laissant avec Daniel dans la cuisine.

Peu de temps après, j'ai eu, une envie de chocolat, je me suis levée pour aller en chercher, quand tout à coup, je me suis mise à perdre les eaux, j'ai crié "Daniel", qui est venu voir ce qu'il se passait.

Aussitôt, il m'emmena en maternité, comme je n'avais pas de contractions, les infirmières lui disent qu'il pouvait repartir à la maison, qu'elle l'appellerait avant que le bébé soit là.

Le lendemain matin à neuf heures, toujours rien, les sages-femmes me disent, on vous passe en salle, et on va mettre le déclenchement, faut qu'il sorte, et on appelle le papa pour qu'il vienne.
Neuf heures et vingt minutes, Maxime était là, Daniel n'avait pas eu le temps d'arrivait.

Il est né le 1 août 1992, même jour que ma deuxième nièce Vanessa.

Quand les filles sont revenues en week-end, elles étaient heureuses d'avoir un petit frère et voulaient revenir à la maison avec lui.

J'appelle encore l'assistante sociale pour lui demander mes filles, celle-ci me dit "faut encore attendre".

Je ne comprenais toujours pas pourquoi ?
Elle me dit "un enfant de plus, ne veut pas dire que cela se passera bien".

Je lui dis "mais si, ça vous prouve que je vais bien, que je refais bien ma vie et avec le papa".

Elle me dit "je vous rajoute tous les week-end au lieu d'un sur deux et la moitié des vacances voir comment cela se passe".

Je n'acceptais pas sa décision, mais je n'avais pas le choix.

Maxime avait quatre mois, que je suis de nouveau enceinte.

Daniel me dit "je vais te présenter un de mes frères qui habite à Folligny, il était issu d'une famille de quatorze enfants, et il était le quatrième.

On arrive chez son frère avec Maxime, et celui-ci me prends à part pour me demander, "vous avez d'autres enfants" ?

Je lui réponds "oui, trois filles, et avec Daniel, on a eu un garçon et j'attends le deuxième".

Et il se mets à me dire "vous avez l'intention de construire un poulailler".
Je l'ai pris très mal, et j'avais hâte de repartir, je trouvais le prétexte qu'il fallait que l'on parte chercher les filles à l'école.

Dans la voiture, je répète à Daniel ce que son frère m'avait dit, et je rajoute, " je ne remettrais pas les pieds chez lui, et mon poulailler, il ne le connaîtra pas".

Depuis sa naissance, Maxime ne pleurait jamais, ni le jour, ni la nuit.

Un dimanche, il s'est mis à pleurer toute la journée, je n'arrivais pas à le consoler, le soir, je finis par appeler le médecin de garde, qui me dit "il n'a rien votre fils, vous ne le supportez pas pleurer c'est tout".

Je réponds "cela ne me dérange pas qu'il pleure, mais comme c'est la première fois que cela arrive, et toute la journée, je trouve seulement que cela n'est pas normal".

Et il partit sur ces mots.

Quelques jours plus tard, je mets Maxime, dans un parc, pour qu'il joue, et que je puisse passer l'aspirateur dans la maison.

Je me suis fait une remarque pendant ce temps, il ne réagissait pas au bruit de cet aspirateur, il ne gazouillait toujours pas, ce n'était pas normal.

J'ai claqué la porte très forte, pour voir sa réaction, il n'avait même pas réagi.

Je suis allée voir mon médecin traitant, je lui explique, ce fameux dimanche, les réactions qu'il devrait avoir à son âge, je lui dis "je me demande si Maxime n'a pas un problème d'audition".

Celui-ci m'a traitée de folle.

Arrivée à la maison, je n'acceptais pas ce qu'il m'avait répondu, je pris le téléphone et j'appelle un ORL.
Je réussie à avoir un rendez-vous rapidement.

Celui-ci m'écoute, et se mit à passer des cloches devant Maxime, qui en les voyant, les suivaient du regard, ensuite, il me dit "il entend votre fils, il n'a rien".

En sortant de ce cabinet, je n'acceptais toujours pas son diagnostic.

J'en parle à Daniel, qui me dit et qui été d'accord avec moi, de prendre un rendez-vous avec un autre ORL, pour voir s'il dirait la même chose.

Ce que je fis le lendemain, mais cela m'énervait, on perdait du temps entre les rendez-vous, et j'étais sûre de moi.

Pour moi, mon fils était malentendant.

Nous sommes le 13 avril 1993, vers 23 heures, Daniel avait un de ses frères Dominique, qui l'appelait, il avait bu et demandait de l'aide, Daniel lui a dit de rentrer chez lui et d'aller se coucher.

Le lendemain matin, le 14 avril à cinq heures du matin, on reçoit, un autre appel, c'était le père de Daniel, pour lui annonçait le décès de son frère, qui nous avait appelé la veille.

Daniel s'en ai voulu, il disait qu'il aurait dû y aller quand il lui avait appelé au-secours.

Depuis ce jour, Daniel a arrêté de fumer, mais c'est mis à boire de plus en plus.

Plus tard, j'arrive chez l'autre ORL, je lui explique tout ce que celui d'avant avait fait, il m'a compris, et lui me dit "je fais refaire avec les cloches, mais derrière lui", et là, Maxime ne réagissait pas.

Celui-ci me dit "effectivement, il ne réagit pas, pourriez-vous me l'emmener à la policlinique, se serait bien que je l'endorme, pour lui faire un auditif potentiel évoqué, on aura le résultat dans la journée, et on le saura".
J'acceptas bien sûr, au moins un qui était d'accord avec moi.

Entre deux, Maxime avait d'autres problèmes de santé, il respirait mal, il avait une malformation du larynx, la pédiatre de l'hôpital, me dit "je vous prescrit un appareil respiratoire, il faut le mettre en proclive, pour qu'il soit assis, pratiquement tout le temps et dans une pièce isolée".

Je l'emmenais au kinésithérapeute tous les jours pour l'aidait à mieux respirer.

Voilà le jour de l'examen pour les oreilles, nous étions quatre mamans pour la même chose, les bébés était pris chacun leur tour, et en début d'après-midi, c'était le verdict.

Le spécialiste commence à parler aux autres mamans, il leur disait que c'était bon, leurs enfants n'avaient rien, et il leur dit qu'elles pouvaient partir.

Il me regardât, ensuite, et me dit "par contre, vous, vous aviez raison, votre fils est bien sourd, mais totalement, et cela ne reviendra jamais, faut que l'on se revoie pour la suite".

Dans un sens, je fus soulagée, parce que j'avais raison, et dans un autre déçue pour mon fils.

Qu'est-ce qu'il allait devenir, comment je vais faire pour lui parler ?

J'ai repensé au vœu, que j'avais fait dans cette église, c'était de ma faute s'il était comme cela, c'est moi qui l'avais demandé, je n'avais plus qu'à m'en prendre qu'à moi-même, mais lui, quelle vie il aurait à cause de moi, je m'en voudrais toujours.

J'avais fait le serment de m'en occuper, qu'il serait heureux, je devais reprendre le dessus et tenir ma promesse.

Début de l'année 1993, je récupère, enfin, deux de mes filles (Michèle et Audrey), elles avaient déjà dix ans et six ans et demi.

Emmanuelle ne voulait pas revenir, elle se plaisait chez sa nourrice, et vu ce qu'elle avait subi avec moi, auparavant, je la comprenais.

L'assistante sociale me dit, on va lui laisser un peu de temps, si elle voit ses sœurs bien chez vous, elle changera sûrement d'avis.

Michèle et Audrey étaient heureuses de venir revivre avec nous, et leur petit frère, au point que Audrey appelait Daniel, "papa" depuis le début que j'étais avec, comme elle n'avait pas connu son vrai père, il ne les prenait jamais, et ne venait pas les voir, non plus, quand elles venaient le week-end.

Un jour, Philippe ayant appris que deux filles étaient revenues vivre à la maison, frappe à la porte, je lui dis d'entrer, les filles jouaient dehors dans le terrain.

Je lui ai offert un café, quand tout à coup, Audrey rentre en courant vers Daniel et dit "papa j'ai faim", j'ai regardé Philippe qui avait l'air surpris de ses mots.

Je pris Audrey, avant qu'elle reparte jouée dehors, et je lui dis "Audrey, je te présente ton vrai papa", celle-ci me répond "non, mon papa c'est lui", en regardant Daniel.

Michèle qui avait entendu, et le savais, ne dis rien, et retourne dehors avec sa sœur pour lui expliquer, comme elle le pouvait, bien sûr, mais Audrey ne voulait pas la croire.

Maxime a eu dix mois, je m'en occupais tellement, qu'il marchait déjà, en arrivant un matin, au kiné, celui-ci voit Maxime qui marchait, sans me tenir, il en été pas revenu, il n'en croyait pas ses yeux.

Moi, j'étais fière de mon fils, il était d'avance, malgré son handicap.

En été 1993, nous sommes passés au tribunal, pour retrouver la garde d'Emmanuelle, celle-ci ne voulait toujours pas revenir à la maison.

Le juge en avait décidé autrement, il lui a dit, en donnant un coup de poing sur le bureau, "ce n'est pas à toi de décidait, moi je te dis que tu rentres chez ta mère".

Sortie du tribunal, nous sommes tous rentrés à la maison.

Emmanuelle pleurait, mais sa vie était avec nous, elle n'avait pas le choix, j'étais sa mère.

Je sais, que je lui avais fait du mal petite, mais j'étais guérie, je n'allais pas recommençait, elle devait avoir peur que je recommence à la frapper et je la comprenais.

Nous voilà au samedi 4 septembre 1993, je ne parlais plus à maman, donc c'est ma voisine qui est venue garder les enfants.

Aurélien arriva dans ce monde, Daniel était présent pour son arrivé,

comme il avait raté celui de Maxime.
Il était blanc, j'ai cru qu'il allait faire un malaise, la sage-femme l'a vu aussi, elle lui a proposer une chaise, il était plus malade que moi.

Une fois rentrée à la maison, tout le monde était content que je revienne.

Audrey vient me voir et dit "comment il s'appelle", je lui dis Aurélien", elle me redit "non, son nom", je dis "VADELEAU, comme Maxime, pourquoi ?

Elle part dehors, et reviens me voir pour me demander "pourquoi les garçons s'appellent VADELEAU, toi, LETHIMONNIER, et nous les filles BOUCHEREAU" ?

Pas facile de lui expliquer, mais avec du mal, elle avait compris.

J'en parle à Daniel, et d'un commun accord, nous avons décidé de nous mariés deux mois plus tard, nous n'aurions peut-être pas le même problème avec les gars, s'il y avait un nom de moins.

Daniel me dit "on se maris, mais pas d'église", je lui réponds "je n'ai pas le droit à la robe blanche, j'ai déjà été mariée, donc non, pas d'église".

Nous nous sommes mariés le jour de mes trente et un ans à Bréhal, nous avions invités des amis dont Philippe et Thérèse.

Ce jour-là, c'était le 12 novembre 1994, Daniel était en retard, le maire me regarde, ainsi que Philippe est dit "les mariés sont prêt", je n'ai pas eu le temps de répondre, que Philippe se mets à dire, "ah non, non, on a divorcé, ce n'est pas pour se remarier".

Je savais plus où me mettre, quand tout à coup, Daniel arriva.

Nous sommes montés à l'étage de cette mairie pour se donner nos vœux.

Au moment où nous allions nous dire “oui”, Thérèse se mit à dire “se marier pour divorcer !”.

J’ai été surprise de ses mots, mais je la comprenais, elle venait de divorcer et avec Daniel cela n’avait pas fonctionner entre eux, donc je n’ai rien dit.

Le maire se mets à dire “vous êtes unis pour le meilleur et pour le pire”, et celui-ci, me tant un bouquet de fleurs sèche, il me dit “c’est un cadeau pour votre union”, je lui dis “merci”, ne m’attendant pas à ce geste, surtout que je n’étais plus de la commune.

Le maire nous dit “vous pouvez partir”, quand tout à coup, je lui dis “nous n’avons pas mis nos alliances”, il s’est excusé et nous dit “vous pouvez les mettre”.

Nous sommes partis, je regardais vers le porche, où maman habitait, on m’avait dit qu’elle était là, mais je ne l’ai pas vu.

Nous sommes partis, nous promené, puis, sommes revenues pour le repas, à la maison, car nous n’étions pas nombreux, et on voulait faire un mariage simple.
On buvait l’apéritif, quand le téléphone se mit à sonner, c’était une sœur à Daniel, Yvette, que je ne connaissais pas, elle voulait lui parler.

Je l’appelle dans la cuisine, pour qu’il puisse lui parlait dans le calme, quand tout à coup, il arrive dans la salle, et mets tout le monde dehors, je lui ai demandé ce qu’il se passait, il me dit “on va régler cela après”.

Notre journée était gâchée, que c’était-il passé ?

J’avais les larmes aux yeux, il avait fait rater notre mariage, qui était censé être notre plus beau jour.

Une fois que l'on était seul, je lui dis "qu'est-ce qu'il t'a pris, tu as bu, et tu as tout gâché, pourquoi '' ?

Il me dit "ma sœur m'a appelé, et m'a dit, que tu m'avais trompé avec un homme noir, je te faisais confiance".

Je lui réponds "elle a été chercher cela où, elle ne me connait même pas, et tu la crois, elle est simplement jalouse, que tu ne l'avais pas invité, en tous les cas, elle a su casser notre journée, et toi, tu l'as cru".

Le lendemain, Daniel s'est excusé, mais le mal était fait, je lui en voulais, mais surtout à sa sœur.

Daniel me dit plus tard, "on va allait chez ma sœur Yvette, qui m'a téléphoné le jour de notre mariage", j'étais rétissante, mais je voulais qu'elle me dise en face, ce qu'elle avait dit à Daniel, ce soir-là.

Celle-ci, c'est excusé, et me dit "j'avais bu, il ne faut pas m'en vouloir, je n'ai pas dit cela méchamment", et elle s'est mise à rigoler, comme si elle avait fait une blague.

Je n'en croyais pas mes yeux, je devais accepter ses excuses, alors qu'elle m'avait tout gâché, c'était quoi sa sœur ? C'était quoi sa famille ? Je me plaignais de la mienne, mais la sienne n'était pas mieux, voire pire.

Heureusement, que j'avais vraiment des sentiments pour Daniel, et que l'on était marié, car je ne sais pas, si on serait resté ensemble, à cause de sa famille, mais lui était différent, c'est peut-être pour cela, qu'il ne me les avait pas présentés avant notre mariage.

Fin décembre 1994, j'attendais encore un bébé, c'était encore un garçon, toujours pas ma fille.

Dans l'attente de ce bébé, maman m'a appelé, elle voulait que l'on se reparle, elle me dit "je suis revenue à Bréhal, je ne bouge plus, je reste là, je veux être près de vous", mais ne me dit pas pourquoi, elle était revenue en Normandie ?

Je lui dis "c'est fini avec ton compagnon" ? elle me répond "non, je lui cherche une maison par-là, il a mis la sienne à vendre".

Elle nous invitait tous les dimanches midi, ou presque, le premier dimanche, elle me dit "tu as eu mes fleurs" ?

Je lui dis "quelles fleurs", elle me dit "à votre mariage, le maire t'a donné un bouquet", je dis "oui", et elle rajoute "c'était de ma part, si c'est moi qui te l'aurais donné, tu l'aurais refusé, donc, je suis passée à travers le maire".

Voilà la raison de ma surprise, quand le maire me l'avait offert, il s'était gardé de me dire, que c'était de la part de ma mère, mais je n'en voulais à personne.

Maman en avait gros, pour me rattraper, pour mon absence envers elle, je lui demande, si elle voulait être la marraine de notre prochain bébé, elle était aux anges.

Le 30 août 1995, Gaëtan arriva, j'avais tenu ma promesse, maman allait être sa marraine, et Gaëtan avait Ghislain dans les prénoms suivants, elle était comblée de joie.

Mon fils était un cadeau du ciel pour elle, elle a attrapé Daniel par le cou, elle l'a embrassé tellement fort, que je lui dis "doucement, c'est mon mari, tu ne recommences pas".

Gaëtan n'avait pas un gros problème, mais un souffle au cœur, qu'il fallait faire contrôler.

Elle voulait souvent venir chez nous, pour m'aider, mais ne s'avez pas comment me dire, que si elle était revenue en Normandie, c'est parce qu'elle était malade, à cause de l'alcool, elle avait une "cyrose du foie", et voulait profiter de ses enfants, avant de nous quitter, elle aussi.

Je vais en parler à Noël, qui me dit “je ne peux pas la prendre”.

En 1996, malgré les péripéties, que nous avions toujours eu, entre nous deux, je lui ai dit “je vais te faire une chambre dans le salon, tu vas venir habiter avec nous”, avec l’accord de Daniel bien sûr.

Elle me dit “j’ai ma petite chienne”, je lui réponds “ce n’est pas grave, on n’en a pas, tu vas l’emmener”.

Arrivée à la maison, je lui dis “tu vas être suivie par notre médecin”, ce qu’elle accepta.

Celui-ci me dit “si vous voulez la gardée le plus longtemps possible, il faut qu’elle arrête de boire, mais, elle peut devenir agressive”.

Je dis à maman, “tu vas arrêter de boire, je ne veux pas qu’il t’arrive quelque chose, et devant les enfants, ce n’est pas un exemple”.

Elle me dit “oui, je vais essayer”.

Je lui réponds, “je vais t’aider, et te surveiller, tu n’auras pas le choix, tu auras un traitement pour t’aider si tu veux, se seras peut-être plus facile pour toi”, ce qu’elle n’a pas voulu.

Elle me dit “du mousseux à la pêche, j’ai le droit”, je lui dis “oui, il n’y a pas beaucoup d’alcool, c’est mieux que le vin rouge, mais pas plus d’une bouteille”.

Tu auras de quoi t’occuper ici, tu garderas les enfants, tu leur feras à manger, à Daniel aussi, midi et soir, tu vas envoyer les enfants à l’école, pendant que je serais à l’hôpital avec Maxime, il va se faire opéré, pour voir s’il pourrait entendre”.

Pendant cette année-là, Maxime avait subi six opérations, sans succès, je voulais qu’il entende, son père ne lui parlait jamais.

Daniel ne savait pas comment faire pour lui parler.

J'avais l'impression qu'il n'acceptait pas son handicap, et que c'était pour cela, qu'il n'arrêtait pas de boire aussi.

Avec Daniel, ils s'entendaient bien tous les deux (maman et lui), pendant que je n'étais pas là, je me demandais, s'ils ne buvaient pas ensemble.

A chaque fois, que je sortais faire des courses, maman allait au café du bourg, elle allait boire soit un verre de vin rouge ou blanc.

Je m'en apercevais, elle sentait l'alcool fort, et je trouvais une bouteille de mousseux, cachée derrière la bouteille à gaz, elle me faisait croire, qu'elle en buvait qu'une, j'avais du mal à la croire, sinon, pourquoi la cachée ?

Cette année-là, j'attendais encore un bébé, et encore un petit garçon, mais la grossesse s'avérait compliquée.

A l'âge de quatre ans maxime n'avait plus le droit de rester en école normale, on m'annonce qu'il partait en internat dans une école spécialiser pour sa surdité.

Au départ j'ai refusé, et on m'a dit que je n'avais pas le choix, que si je refusais il partirait dans une famille d'accueil et que je le verrais plus.

Quelle honte, c'est mon fils et je n'ai pas le droit de choisir, donc je finie par accepter en demandant d'avoir une coupure le mercredi, qu'il vienne à la maison le jour où il n'y a pas d'école, ce qui fut accepter.

Pendant cette année-là, maxime y aller en taxi, et un jour il a sauté par la fenêtre de celui-ci, pendant qu'il roulait, il voulait plus y aller.

Je pensais que c'était le taxi qu'il ne voulait pas prendre, donc ma voisine s'était proposée à l'emmener elle-même, comme il la connaissait.

Mais, au bout de quelques semaines, il a refait la même chose que le taxi, il sautait encore par la fenêtre en roulant, au risque de se tuer, mais il n'avait pas peur.

Ma voisine ayant eu la peur de sa vie ne voulait plus prendre le risque de l'emmener.

Je pris Maxime toute seule et j'essaie de lui demander pourquoi il faisait cela.

J'ai fini par comprendre que dans cette école, il essayer d'émettre des sons, mais qu'il était battu, car là-bas quand on est sourd, on doit être muet, et comme il y avait plusieurs sortes d'enfants handicapé, des trisomiques, qui pendant les repas, crachaient dans son assiette, donc il ne mangeait pas.

J'étais stupéfaite, je n'en croyais pas mes yeux, pour être sûre de ne pas me trompée, je suis allée voir une autre école qui s'occuper seulement d'enfants malentendants.

Ils l'ont fait passer devant un psychologue spécial à son handicap, qui m'a dit que j'avais bien compris son désarroi.

Donc je l'ai inscrit dans cette nouvelle école, mais comme c'était à cent kilomètre de chez moi, je ne pouvais pas le reprendre le mercredi, donc j'ai accepté en me disant, le principal c'est qu'il soit bien.

Ce qui fut le cas, maxime se plaisait bien là-bas.

Quelques mois plus tard, je suis montée à Paris, pour faire opérer encore Maxime, c'était sa dernière chance.

Pendant son opération, je stressais, il souffrait à chaque fois, et par ma faute comme je voulais qu'il entende, et comme j'attendais chez ma tante de là-bas, j'ai pris des anti-stress, jusqu'à ce que j'aie le droit d'aller revoir mon fils à l'hôpital.

Par bonheur, cela avait été réussi, quand nous sommes revenus à la maison, Maxime avait réagi en entendant le chien de la voisine, j'étais heureuse pour lui, j'avais les larmes aux yeux.

Maxime est entré dans la maison, a vu et entendu la machine à laver qui tournait, il était devant, et me faisait comprendre qu'il entendait, c'était merveilleux.

Il avait l'air heureux, quand tout à coup, il entendit un gros bruit dehors, c'était Daniel qui passait la tondeuse, et là, se fût une catastrophe, Maxime a tellement eu peur, qu'il est rentré en courant, et se cogner la tête sur les clenches de fenêtre.

Il avait cassé son implant, il en voulait plus, et comme cela traversé la peau, obligé de remonter à Paris, pour le faire enlever.

Le médecin me dit "votre fils a eu peur, il lui reste encore une chance, mais celle-ci, je la garde, pour quand se sera lui, qui me le demandera".

Pendant que j'étais à Paris, Daniel et maman s'occupaient des enfants, Emmanuelle et Audrey étaient au collège.

Emmanuelle à monter la tête à sa sœur pour aller se plaindre auprès de l'assistante sociale de cette école, en disant que Daniel lui aurait fait des attouchements sexuels, et que sa sœur avait vu.

Ceux-ci ont envoyé la gendarmerie voire mon mari à son travail pour lui poser des questions à ce sujet.
Il était surpris, et c'est rendu malade pour une chose qui était fausse et en plus venir chez son employeur, c'était la honte pour lui.

En revenant de Paris, Daniel me raconte les péripéties qu'il avait eu à cause de mes filles.

Je prends Audrey à part et je lui demande ce qu'il s'était réellement passé, malgré que je savais que mon mari n'aurait jamais fait cela.

Celle-ci me répond ''Emmanuelle m'a forcé à dire cela à l'école, elle n'aime pas Daniel.

Je lui dis ''et toi non plus, pour avoir fait ce qu'elle t'a dit".

Elle me dit ''si, je l'aime bien, moi je veux porter son nom et qu'il soit mon papa".

Je lui ai dit que cette accusation pouvait le faire mettre en prison, fallait qu'elle dise la vérité.

Elles ont été entendues lors de l'enquête, Audrey c'est excusé auprès des gendarmes et a dit la vérité.

Suite à cette déposition, Emmanuelle a été obligée de dire la vérité, elle a dit qu'elle avait dit cela parce qu'elle voulait partir de la maison, mais pas pour qu'il aille en prison.

En fait, elle voulait retourner chez la nourrice qu'elle avait eu quand je n'étais pas bien.

Je lui en ai beaucoup voulu, mais j'ai clos le sujet, je ne voulais plus en entendre parler, Daniel était de mon avis.

J'étais enceinte de six mois et demi, quand il a fallu, que je monte à Caen, pour faire une amio-synthèse, mon gynécologue me dit "il y a un problème, faut faire cet examen pour savoir".

Pour le résultat, il m'a convoqué avec mon mari, il nous dit "votre bébé a des problèmes, c'est un enfant qui risque de ne pas vivre à la naissance, et si on arrive à le sauver, se sera un enfant nain, je vous conseille de l'euthanasier".

Je dis "comment cela, vous vous voulez que je tue mon bébé, vous êtes malade, j'ai un enfant sourd, je sais m'en occuper, et celui-là, s'il est nain, ce n'est rien, si je fais ce dont vous voulez, pour moi c'est un meurtre, non, je le garde".

Il me dit "votre mari a son mot à dire", j'ai regardé Daniel et je lui dis "pour moi, c'est hors de questions, je le garde".

Daniel essayer de m'en dissuader, il a fini par comprendre, que je ne changerais pas d'avis.

Avant la fin des neufs mois de grossesse, on me fait une échographie, pour voir l'évolution de mon bébé.

Son cœur battait très bien, mais son développement, c'était arrêter, il était un bébé de six mois de grossesse.

Le médecin me dit "ça vous embête de le garder un mois de plus, si c'est pareil, on va faire un déclenchement et il ira en couveuse".

J'accepte, donc ma grossesse avait duré dix mois au lieu de neuf.

Pour l'accouchement, il fallait faire un déclenchement, comme cette grossesse c'était arrêtée, Daniel ne voulait pas m'accompagner, j'avais peur de perdre mon bébé, je ne voulais pas être seule.

Maryline s'est proposée de venir avec moi.

La sage-femme me dit "on vous pose la perfusion, et on vous passe en salle, car avec vous c'est rapide, maintenant, on va mettre une blouse et on revient".

Elles n'avaient pas franchi la porte, que je me suis mise à crée "il sort", elles ont fait demi-tour, et l'on attraper au vol, j'ai eu peur qu'il tombe parterre.

La sage-femme me dit "vous l'appeler comment ce bébé" ?

Je lui réponds "c'est un garçon ou une fille" ?

Elle me dit “exact, je n’ai pas regardé”, elle prend mon bébé, le lève en hauteur et me dit “je pense que c’est un petit garçon, il pèse un kilo huit cent gramme”.

Surprise, je lui dis “Dylan”.

Aussitôt, elle le mit dans une couveuse, sans me le faire voir, et ils l’ont emmené en néonathe à Avranches.

Une fois revenue dans ma chambre, une infirmière vient me dire “je vous apporte une tireuse, votre fils a besoin de votre lait pour survivre”.

Je lui dis “vous me faites une ordonnance pour le tire-lait, car je sors, je vais voir Dylan”.

Elle me dit “non, une navette vous emmènera le voir”, je réponds “non, il n’est pas là, je sors, je signe une décharge s’il faut, mais je ne resterais pas sans mon fils”, ce que je fis.

A peine sortie, je suis allée voir Dylan, il était tout petit, brancher de partout, nourrit avec une seringue.

L’infirmière me demande si je voulais le prendre, je dis “je ne sais pas il est branché et peut-être trop petit pour le prendre”, elle me dit “non, je vous le donne mais je vais vous le mettre à même la peau et vous allez l’allaiter directement”, cela me faisait tout drôle.

J’ai été choquée quand elle me l’a donné, il n’avait pas de fesse, je demande à l’infirmière si c’était normal, elle me dit “oui il n’est pas fini d’être formé, par contre nous, on a été choqué par son pénis”, et me fait voir.

Effectivement Dylan avait un pénis que l’on voyait à peine, et là j’ai compris pourquoi la sage-femme n’était pas sûr que ce soit un garçon à la naissance.

J'avais peur de le prendre tellement il était petit, je ne voulais pas lui faire mal, surtout qu'il était très fragile.

Au bout de huit jours l'infirmière me dit "voulez-vous appeler votre mari, car on transfère Dylan à Caen.

On ne sait pas s'il va supporter le voyage, il risque de décédé, donc s'il veut le voir avant il faut qu'il vienne maintenant, avant qu'il parte, et nous l'avons baptisé au cas où, ne vous inquiétez pas, c'est fait".

Comme parrain et marraine ils avaient mis des infirmiers dont nous n'avons jamais eu leurs noms car c'était en anonymat.
Le lendemain, nous sommes allés voir Dylan à Caen, il était branché de partout, pire qu'à Avranches, mes larmes sont parties.

J'avais peur de le perdre en le voyant ainsi.

Les infirmières m'ont dit "faut garder espoir, il est entre bonne main, on fera tout notre possible, vous pouvez le prendre si vous voulez ''.

J'ai dit ''oui je veux bien", elle me le donna dans les bras, cela me faisait drôle, il n'était pas fini d'être formé, tout petit, pas lourd, je ne pouvais pas lui donner de biberon comme il était en gavage, il ne savait pas téter.

Au bout d'un moment, j'avais réagi que Daniel voulait peut-être aussi le prendre un peu, ce que je fis vu qu'il m'avait dit oui, j'en profiter pour prendre des photos.

Au moment de repartir, c'était à reculons, j'avais peur de le laisser tout seul là-bas, loin de la maison, Daniel me dit ''on viendra souvent ne t'inquiète pas".

Ce que nous fîmes tous les deux jours.

On ne pouvait pas y aller tous les jours car à ce même moment, j'avais ma fille aînée qui était à l'hôpital aussi pour se faire enlever le gros intestin par rapport à la maladie héréditaire du côté de son père.

Enfin son hospitalisation n'a duré que trois semaines, à son retour, elle avait aussi besoin de moi, elle avait l'infirmière qui venait tous les jours pour lui changer les poches gastriques en attendant qu'on lui enlève.

Dans l'attente, Michèle est retournée au collège, or un matin, elle ne sait pas levée pour y aller, je suis montée dans sa chambre pour la réveillée.

A ce moment, j'ai eu la peur de ma vie, je n'arrivais pas à la réveiller et je vois auprès d'elle une lettre disant qu'elle ne supportait pas sa maladie et qu'elle voulait en finir.

J'ai crié et appeler les pompiers qui m'ont rassuré, elle avait avalé des médicaments qui la ferait que dormir, elle s'était ratée, OUF.

Cette lettre je l'ai rangée précieusement, je ne voulais pas revoir ça et je la surveillais tout le temps de peur qu'elle recommence.

A l'âge de six mois à peu près, Dylan est revenu sur Avranches, c'était mieux, il était beaucoup plus près de chez nous, mais ne pouvait toujours pas rentrer à la maison.

Encore deux mois de passer, je demande aux infirmières quand elle pensait nous le redonner, elle me répond qu'il n'était pas encore au poids normal d'un nourrisson qui vient de naître, qu'il fallait encore attendre.

Quand cela a fait un an, j'ai redemandé pour l'avoir.

Je me suis fâchée, je leur ai dit que cela faisait un an et que j'en pouvais plus de son absence, que s'il fallait revenir tous les jours, pour un suivi que je viendrais, que se serais pas un souci, vu qu'il buvait maintenant au biberon, je pouvais m'en occuper.

Ils ont fini par accepter à la condition qu'une dame de la PMI vienne pour voir l'évolution à la maison, ce que j'ai accepté.

Je reviens à la maison avec mon fils, cela m'en faisait sept enfants en même temps à la maison, mais cela ne me faisait pas peur.

Pour l'habiller je ne trouver pas de vêtement à sa taille, la taille naissance était trop grand, mais je m'adapter au mieux.

Pour l'avoir toujours sous mes yeux, je l'avais mis dans son landau, jour et nuit, au moindre problème j'étais là.

Heureusement, car en un mois il m'a fait trois arrêts respiratoires, comme j'avais passé mon brevet de secourisme, je l'avais sauvé.

Je l'emmener partout avec moi, j'avais confiance en personne pour s'en occuper.

Pour son suivi, la PMI venait le peser tous les jours, puis tous les deux jours, puis une fois par semaine, à part qu'il ne grandissait pas et prenait peu de poids, elle le trouvait bien.

Après plusieurs examens, on m'a dirigé vers l'hôpital Necker à Paris, qui m'ont dit que Dylan avait une partie du syndrome de William, qu'il aurait des séquelles.

Je l'emmenais tous les matins au kiné et refaisait la même chose que celui-ci deux fois par jour à la maison, pour aider à faire développer ses muscles.

Pour en revenir à maman.

Maman allait de temps en temps à l'hôpital, faire des ponctions, pour enlever l'eau qui arrivait dans ses poumons.

A chaque fois, Daniel lui disait "ça va aller la belle-mère", elle lui répondait ''t'inquiète pas, je vais revenir entre quatre planche".

Quand elle ressortait de l'hôpital, bien sûr, elle revenait à la maison, jusqu'au jour où elle devenait agressive et s'en prenait à mes enfants.

Je fais venir mon médecin qui la suivait à la maison, et là il me dit ''vous devez la laisser repartir chez elle, c'est sa volonté", je lui réponds '' si elle repart, elle va se remettre à boire", et il dit ''possible, mais vous n'avez pas le droit de la garder de force, c'est son choix".

Michèle, ma fille ainée, était d'âge à fréquenter, vient un soir à la maison avec son copain, elle le présente à sa grand-mère qui lui dit ''c'est bien tu prends un balai brosse pour le ménage de ta maison", en rigolant bien sûr.

Ça grand-mère avait raison cela n'a pas durer.
Michèle a retrouvé un autre garçon Dimitri, le présente encore à sa grand-mère qui lui dit ''à votre mariage je vous offrirais votre voiture", elle n'en avait pas les moyens mais ma fille c'est dit c'est peut-être le bon vu ce qu'elle vient de dire.

Et voilà, maman repart chez elle.

Bien sûr, elle s'était remise à boire avec sa sœur Paulette qui était venue habiter presque à côté, depuis qu'elle avait perdu son mari, et un de ses neveux Jean.

J'allais avec mon mari et les enfants passer tous les dimanches avec elle.

Jusqu'au jour du 3 octobre 1998, où en arrivant, elle nous dit ''j'attends l'ambulance, je ne suis pas bien, je dois aller à l'hôpital, Paulette est venue chercher ma petite chienne, si tu peux aller la chercher et en prendre soin".

Je lui dis ''oui".

Et Daniel comme à chaque fois lui dit ''ça va aller la belle-mère", et là par surprise, elle ne répond pas comme les fois d'avant, soit ''oui t'inquiète pas je vais revenir entre quatre planches", mais ''oui ne t'inquiète pas, je vais revenir".

A ses mots Daniel et moi, on s'est regarder et on a pensé la même chose (elle ne reviendra pas, c'est fini).

J'avais le souffle couper, et Daniel comme moi, on ne savait pas quoi lui répondre.

Quand l'ambulance est arrivée, je lui dis ''je vais venir te voir demain".

Elle ne m'a rien dit, à part qu'elle me confiait les clés de sa maison et sa petite chienne.

Le lendemain, c'était le lundi 4 octobre 1998, je pars la voir à l'hôpital, en arrivant, les infirmières me disent de ne pas entrer, d'attendre dans le couloir car le médecin était avec elle.

Quand celui-ci sorti de la chambre, il me dit ''vous pouvait aller la voir, c'est ses derniers souffles, si vous avez des frères et sœurs à prévenir prévenait les avants, car elle s'en va".

Il m'emmène dans son bureau pour que je puisse prévenir mes frères qui me disent ''on se prépare, on va arriver.

Elle ne va pas partir tant qu'on ne sera pas là, on a le temps, elle s'en ai toujours sortie", je réponds ''dépêchez-vous, le médecin m'a dit elle part, moi je vais auprès d'elle" et je raccroche.

Et là j'arrive dans la chambre, maman était en train d'agoniser, je lui prends la main, et là elle nous a quittés, je n'ai même pas eu le temps de lui dire un mot.

Je pense qu'elle m'attendait avant de partir, je voulais lui dire que malgré ce que j'avais vécu avec elle, depuis ma naissance, je lui pardonner et que je l'aimais malgré tout.

Quand mes frères sont arrivés à l'hôpital, j'étais dans le couloir entrain de pleurer, ils ont compris aussitôt, que c'était fini, qu'ils arrivaient trop tard.

Je leur ai dit ''ils ont changé maman de chambre, ils sont entrain de la laver et de l'habiller avant de la descendre à la morgue au sous-sol".

Il fallait aller ensuite voir les pompes funèbres pour faire les démarches pour ses funérailles.

Et là, j'ai pété les plombs, ceux-ci disaient qu'il fallait l'incinérer, pour la mettre, si on voulait avec mon père et notre frère car elle avait donné sa place à notre frère, et c'était un caveau à deux places, donc c'était la seule solution, j'étais contre mais pas le choix.

Revenue chez moi, je voulais voir personne, même pas mes frères.

Le jour de l'enterrement, la messe ayant commencé tard, il fallait se dépêcher pour aller au funérarium qui se trouvait à Caen, à 100kms, auquel ils nous attendaient pour faire une petite cérémonie rapide avant de fermer et avoir le temps de l'incinérer après.

Les pompes funèbres roulaient tellement vite sur l'autoroute, que j'étais malade pour maman, elle était ballotée dans tous les sens, je sais qu'elle ne devait rien sentir, mais ce n'était pas humain, c'était son dernier voyage encore en être humain.

Une fois le dernier adieu fait, je suis sortie dehors, je me suis mise à hurler que je ne voulais pas la faire brûler, que ce n'était pas humain, qu'elle ne nous avait pas eu le temps de nous dire si elle voulait ça.

Tout le monde avait beau me dire que l'on n'avait pas le choix, mais même le sachant, je n'acceptais pas.

Quelques jours plus tard, n'arrivant pas à m'en remettre, mes premières filles me disent ''maman, mamie nous avaient dit qu'elle voulait être incinérer et de mettre ses cendres au cimetière avec les personnes sans famille, tu l'as mise avec son mari et son fils c'est mieux, mais elle voulait ça sachant qu'elle avait donné sa place".

Je ne les croyais pas, pourquoi maman l'aurait dit à mes filles et pas à moi.

Peut-être parce qu'elle savait que j'étais contre l'incinération.

Deux mois plus tard, il fallait vider la maison de maman, car on la mettait à vendre, j'avais du mal.

Daniel gardait Dylan qui commençait à se mettre debout, il avait presque deux ans.

Avec mes frères, on a fait le partage et nettoyage de la maison.

Pour le partage comme personne voulait dire ce qu'il voulait, mes frères ont fait des tas, et chaque tas a été tirer au sort.

Une fois tout fini, je rentre à la maison, et là, j'ouvre la porte et, j'aperçois Dylan debout au coin du couloir contre le mur, qui en me voyant rentré, à crier ''maman", et il est parti à marcher sans s'en rendre compte.

J'en avais les larmes aux yeux car les médecins de l'hôpital Necker à Paris le suivait régulièrement et ils disaient qu'il ne marcherait peut-être jamais, il a marché à l'âge de vingt-trois mois.

Cela faisait bizarre vu sa taille, j'avais l'impression de voir un bébé marché, mais pour un enfant qui ne devait jamais marcher, les médecins c'étaient tromper.

Quelques jours plus tard, je vais faire des courses avec une belle-sœur, Sylvie, femme de Eric.

A l'entrée de Leclerc, une dame de la galerie nous propose un ticket à gratter et de le remplir pour un tirage au sort pour un voyage.

Ma belle-sœur refusa ce ticket, moi je lui dis ''je le fais c'est gratuit, ça coûte rien", et je gratte ce ticket, j'étais contente j'avais gagné un parapluie, je le rempli et le redonne à cette dame.

Deux mois plus tard, je me retrouve dans cette galerie, ma voisine était dans ce magasin, elle m'aperçoit et vient me voir.

Elle me dit ''le monsieur du magasin veut te voir", je lui dis ''pourquoi, je ne le connais pas", elle savait pourquoi, mais ce monsieur lui avait dit de rien me dire, et elle me dit ''viens tu verras bien".

Donc je la suis.

En entrant dans ce magasin, je dis ''bonjour, vous voulez me voir '' ?
Il me répond ''oui, je voulais vous connaître".

Je réponds ''pourquoi ? on ne se connait pas", et j'allais repartir quand il me dit ''non, je rigolais, je voulais vous voir, car vous avez gagné le lot chez nous".

Étonner, je lui dis ''j'ai gagné quoi, je ne suis pas venue chez vous, vous devez vous tromper de personne".

Il me dit ''il y a quelques mois vous avez rempli un ticket pour gagner un voyage qui était destiner à une seule personne dans toute la France, vous vous rappeler pas".

Je réponds ''non, mais peut-être".

Il rajoute '' vous êtes bien madame VADELEAU de la Lucerne

d’outremer” ?

Je réponds ‘’oui, mais j’ai gagné quoi comme voyage” ?

Et là, il me répond ‘’ douze jours au Mexique”.

Je n’en croyais pas mes yeux, moi gagner, ce n’était pas possible, et je lui dis ‘’je fais comment avec mes enfants, et c’est à quel date je dois y allée ?

Il me dit ‘’on se revoit dans la semaine, vous aller venir boire une coupe de champagne avec votre mari, et je vous donnerais tous les détails, et Ouest France sera là, pour un article dans le journal”.

Quelques jours plus tard, on se retrouve à la cafétéria de Leclerc à Granville, pour la remise de ce lot, on devait partir en mai 1999.

Cela ne me donner pas beaucoup de temps pour placer mes enfants à droite et à gauche, mais ce voyage, je voulais le faire, c’est une chose qui ne m’arrivera peut-être pas deux fois dans ma vie.

Je suis allée voir mon médecin pour savoir si je pouvais y aller sans problème, car il fallait faire des vaccins et j’étais enceinte de sept mois d’une petite fille.

Il me dit ‘’à sept mois pas de danger, vous pouvez y aller sans crainte et faire les vaccins nécessaire”.

Mon mari et moi sommes partis en voiture jusqu’à Paris pour prendre l’avion, c’était la première fois pour nous deux et en plus, on avait douze heures de vol au total.

Une fois montés dans l’avion, Daniel était malade, il avait peur, je lui dis ‘’n’ai pas peur il est gros, donc il n’y a pas de danger”, mais je n’étais pas mieux que lui, je me crisper à mon siège au décollage, je ne voulais pas lui dire que moi aussi j’avais peur.

On a fait un arrêt à Yuston pour un changement d'avion.

A cet aéroport, voilà que je perds mon passeport et je ne pouvais plus, ni continuer le trajet, ni revenir chez moi.

Daniel me dit ''je reste avec toi, je ne pars pas sans toi".

Je lui réponds ''vas-y, je vais bien trouver une solution pour rentrer".
Il me dit ''non, pas sans toi, ça ne m'intéresse pas tout seul, je reste avec toi".

Quand juste avant de monter dans l'autre avion, on entend au micro que l'on avait trouvé un passeport avec mon nom, j'étais soulagée, je pouvais partir.

Arriver au Mexique, c'était magnifique, je ne regrettais pas d'être partie, et la vie là-bas était vraiment pas chère, on a habillé tous les enfants en marque et acheter des souvenirs à bas prix.

On a mangé des choses de leur pays, comme de l'iguane, du crocodile, etc…, les visites dans plusieurs endroits étaient merveilleuses.
Dans un restaurant, j'étais en train de manger l'entrée, quand un serveur vient me voir pour me demander s'il pouvait donner la suite.

Comme j'avais la bouche pleine, j'ai avalé rapidement pour lui répondre, et là je me suis mise à étouffer.

J'avais avalé le cure dent qui était à l'intérieur de ce morceau, obliger de quitter la table et de m'emmener à l'hôpital pour l'enlever, il était à travers de ma gorge.

Dans cet hôpital, j'ai dit au guide qui nous avait accompagner pour la traduction ''dites-lui que je suis enceinte et avec ce qu'il va me donner comme produit je ne veux pas perdre mon bébé", celui-ci répond ''il n'y a pas de danger", j'étais rassurée.

Ce voyage fut magnifique, à part le passage à l'hôpital, mais j'avais passé ses douze jours dans la sérénité, au repos total, malgré les excursions je n'étais pas fatiguée, j'étais apaisée et cela m'a fait beaucoup de bien.

Revenue à la maison, on avait froid, normal, au Mexique il faisait 50° à l'ombre, Daniel en a même eu le corps presque brûler, il en était noir, et moi qui ne bronze jamais, je l'étais.

Tout le monde était content de nous revoir, nous on se disait que l'on serait bien resté plus longtemps, mais nous étions contents de retrouver nos enfants aussi.

Quelques jours plus tard, je suis allée voir le gynécologue pour voir comment aller l'évolution de ma grossesse, et là, il m'annonce que mon bébé était décédé, j'ai pleuré, il m'avait dit qu'il n'y avait pas de danger en partant en voyage.

Il me dit ''elle avait peut-être un problème au niveau du cœur, cela ne vient pas de votre voyage, je vous la laisse trois semaines, le temps de faire votre deuil".

Je n'en croyais pas mes yeux, ma fille de sept mois et demi décédée et je devais attendre trois semaines avant que l'on me l'enlève, c'était incompréhensible, la fille que j'attendais tant, je venais de la perdre.

Pourquoi ?

Le destin ne voulait pas que j'aie une fille avec Daniel.

Pendant ces trois semaines d'attente, j'avais de plus en plus mal au ventre et ce n'est pas avec ces douleurs que je pouvais faire le deuil comme me disait le médecin, c'était pire encore, je pensais sans arrêt que je porter ma fille décédée en moi.

Quand je suis allée à l'hôpital pour me faire endormir, pour pouvoir aspirer ce bébé, on me demande avant l'intervention si je voulais lui donner un prénom et l'enterrer ou faire une naissance sous X.

Je l'ai malheureusement fait naitre sous X, je n'avais pas de prénom à lui donner, car Madison était prévu pour ma fille, mais vivante, donc je n'avais pas le choix.

Malgré tout j'en ai eu des remords, j'aurais pu lui donner un prénom quelconque.

Pour en revenir à Dylan, en grandissant, du moins en avançant dans l'âge, il nous a fait des choses incompréhensibles, quand il tombait malade c'était toujours des maladies de personnes âgées, qui ne pouvait pas se faire sur lui.

Exemple maladie d'heilzamer, cyrose du foie, etc... et se soigner tout seul sans traitement.

A l'âge de cinq ans, il faisait toujours pipi assis, sinon il faisait sur lui, il était bi-sexe, donc j'en ai parlé à Paris, ils m'ont dit que ce serait préférable de l'opérer à ce niveau.

Arriver au jour de l'opération, on vient me demander si je voulais un garçon ou une fille, question que j'ai trouvé totalement idiote vu son prénom.

Revenu à la maison, il était heureux, il faisait pipi debout comme les grands et il était fier de nous appeler pour nous faire voir, j'étais heureuse pour lui.

Je l'habiller avec des vêtements d'un enfant de dix-huit mois, alors je me disais, tant pis, si lui est heureux de vivre, et qu'il soit petit, c'est le principal.

Un an plus tard, il a grandi d'un coup, il avait pris vingt centimètres en un mois, les médecins me disent ''faites attention à lui, il a grandi trop vite d'un coup, il risque le fauteuil roulant, sa colonne vertébrale ne va pas suivre".

Et non, ils se trompaient encore.

A l'âge de six ans, où l'école était obligatoire à cet âge, je dis à mon mari ''je vais reprendre le travail, je veux plus d'enfant, on n'aura jamais notre fille désolée, mais en même temps tu seras soulagé".

J'ai retrouvé du travail auprès des personnes âgées, je faisais soixante heures par semaines, mais j'avais un bon salaire, et j'arrivais à m'occuper des enfants, avec mon mari, on se partager les tâches.

Ma fille ainée venait d'avoir dix-sept ans, quand elle m'annonce" maman je suis toujours avec Dimitri, je veux vivre avec lui, et on veut se marier".

Vu sa maladie d'où on ne connaissait pas l'évolution exacte de celle-ci, je lui ai donné mon accord, en me disant je vais perdre ma fille, mais je voulais qu'elle soit heureuse, et je lui dis ''tu demandes quand même à ton père, tu es encore mineure".

Il a accepté qu'elle se mette chez elle mais lui as dit d'attendre ses dix-huit ans pour se marier.

Quelques mois plus tard, après être chez elle, elle m'annonce qu'elle attendait un bébé.

J'étais contente pour elle et déçue en même temps.

Ma fille maman, moi grand-mère à trente-sept ans, j'étais trop jeune et je voulais avoir un autre enfant, ce n'était pas possible, et avec sa maladie, elle prenait des risques avec cette grossesse, elle mettait sa vie en danger.

Sa grossesse c'est bien dérouler, une quinzaine de jours avant le terme, elle rentra à l'hôpital pour faire une césarienne, ne pouvant pas accoucher naturellement, vu c'est antécédent de santé.

Je suis allée au travail, la boule au ventre, j'avais peur pour elle, j'avais peur de perdre ma fille, je n'arrivais pas à me concentrer sur mon travail, je ne pensais qu'à ma fille, comment cela se passait ?

Allait-elle bien ?

Je suis allée voir ma patronne, je lui ai demandé mon après-midi, en lui expliquant mes angoisses, ce qu'elle accepta bien sûr.

Aussitôt, je suis allée la rejoindre, et là on me dit ''il faut attendre un moment avant de la voir, votre fille a fait un arrêt pendant l'évacuation du bébé, mais ne vous inquiétez pas, elle va mieux, mais on la surveille de près, par contre le bébé va bien".

J'étais soulagée ma fille était hors de danger.

Et ne voulant pas être grand-mère à mon âge, je me suis remonter le moral en me disant, j'aurais peut-être la chance d'être arrière-grand-mère.

Le principal c'était que ma fille soit heureuse.

Quand il fallait qu'elle reprenne son travail après son congé maternité, j'ai arrêté de travailler pour m'occuper de mon petit-fils, pas question de le mettre chez une nourrice que l'on ne connaissait pas.

J'étais heureuse de m'en occuper comme si c'était le mien, il a fait ses premiers pas à onze mois avec moi, il a été propre à peine à deux ans avec moi, j'étais comblée.

Michèle me l'a repris quand elle eut son deuxième enfant et avait pris son congé parental dont elle avait le droit.

J'ai retrouvé du travail dans un supermarché, dans le rayon légumes.

Deux mois plus tard, je me voie dans la réserve en train de manger une fraise, alors que j'en ai horreur et cela m'étais arrivait à chaque fois que j'attendais une fille.

En rentrant du travail, je dis à Daniel ''je suis enceinte et cette fois se sera une fille, je vais l'avoir Madison enfin".

Il a eu une façon de me regarder que j'avais l'impression qu'il me prenait pour une folle et fini par me dire ''tu as été indisposée il y a une quinzaine de jours, comment tu peux savoir, tu n'as pas de retard ?".

Et je lui explique pourquoi j'étais sûr de moi.

Quand j'ai eu du retard, je suis allée voir le médecin qui m'a confirmé que j'étais bien enceinte.
Ayant perdue une fille trois ans avant à sept mois et demi de grossesse, le médecin m'a mis en arrêt pour ne pas prendre de risque de perdre ce bébé, il savait à quel point je désirée cette fille, car j'étais sûr que c'était une fille.

Enfin, le cinq décembre deux mille deux, ma fille tant désirée était enfin là, Michèle ne connaissant pas l'accouchement normal, m'avait demandé si elle pouvait assister, ce que j'avais accepté.

En rentrant à la maison avec Madison, je me disais, je me retrouve toujours avec sept enfants à la maison, mais les autres sont devenu grand maintenant.

Cela faisait sept ans d'écart avec Dylan, mais elle était là et elle était déjà tata à peine arrivée dans ce monde.

Madison est allée à trois ans à l'école, mais n'aimait pas cela, donc jusqu'à ses cinq ans je l'ai gardée avec moi l'école n'étant pas obligatoire à cet âge.

Elle a été le petit dieu de tous ses frères et sœurs ainsi que nous ses parents.

Pour en revenir à Dylan, il grandissait une fois tous les quatre ans.

Les médecins ne savaient pas comment il allait grandir, car ils ne connaissaient pas cette maladie à cette époque.

Quand il est né, c'était le quatrième en France à avoir ses symptômes et ils attendaient d'en avoir dix pour commençait des recherches sur cette maladie.

J'ai demandé s'il y avait un autre endroit pour connaitre cette maladie, on me répond ''faut aller en Amérique, mais la sécurité sociale ne prendra rien en charge, c'est hors de la France".

Ce n'est pas normal qu'il n'y est, que dans ce pays pour connaitre cette maladie et tous à notre charge, alors que c'était pour la santé d'un enfant et non une promenade, j'ai dû y renoncer et attendre l'évolution.

Dylan n'arrivait pas à suivre une école comme les autres, un jour il savait lire, plus tard il savait plus un mot, il en été malheureux.

Je lui ai trouvé une école qui lui permettait de suivre plus au ralenti, il a été quatre ans à cinq kilomètres de la maison, ensuite quatre ans dans un collège spécialisé à quinze kilomètres de la maison, mais il ne s'y plaisait pas, le taxi venait le chercher tous les matins à la maison et venait me le ramener le soir.

Celui-ci ayant emmené Dylan pendant quatre ans sur Granville et à la fin de la dernière année scolaire, Dylan était heureux il est parti le matin et revenu le soir dans une limousine c'était son cadeau du taxi, il était aux anges.

Ensuite il a voulu suivre des études en apprentissage comme paysagiste, je l'ai inscrit à vingt kilomètres de la maison, mais j'allais l'emmener tous les matins et le rechercher tous les soirs car cela se passer très mal en internat.

Il a réussi son diplôme en CAP, mais au moins il avait réussi.

Pour en revenir à Maxime, à l'âge de quatorze ans, il en pouvait plus d'être en internat, il me disait qu'il voulait travailler et être à la maison.

Je lui ai trouvé un patron en maçonnerie qui a bien voulu le prendre en préapprentissage.

Donc je l'ai inscrit au CFA à vingt kilomètres de la maison qui ont bien voulu l'accepter avec une interprète.

Un an plus tard, il signa son apprentissage avec ce même patron qui était content de lui.

Deux ans plus tard, il a eu son diplôme avec des félicitations du conseil départementale de la manche, vu son handicap.

Son patron content de son travail m'a demandé de lui faire faire une année supplémentaire en carrelage, et de l'inscrire au concours du meilleur apprenti de la manche.

J'ai été fier de mon fils, il avait encore eu son diplôme et en plus au concours, il est sorti meilleur apprenti de la manche.

Je n'en revenais pas, il réussissait à tout ce qu'il faisait, tellement il était bien.

Comme son patron avait confiance en lui, il l'a inscrit après ses apprentissages au concours des meilleurs ouvriers de Normandie, car il l'avait embauché dans son entreprise.
Maxime était déçu, il est arrivé deuxième meilleur ouvrier de Normandie, ce qui était bien, mais pour lui, comme à toute sa scolarité, il fallait qu'il soit toujours premier et le meilleur.

Son patron et nous ses parents, on lui a dit ''c'est super, même si tu es le deuxième" et Maxime nous a fait comprendre qu'il n'avait pas le droit d'aller au concours de France vu qu'il n'était pas le premier.

Je lui ai dit ''ce n'est pas grave, je suis fière de toi, tu es très bon quand même, tu réussiras dans ta vie".

Pour Aurélien, il ne faisait rien au collège, il n'aimait pas l'école, il a pris un apprentissage en menuiserie qu'il n'a tenue qu'un an, cela ne lui plaisait pas, donc on a rompu le contrat.

Mais comme il avait seize ans, il s'est présenté dans une entreprise de ravalement en façade, d'où il a eu un CDI direct, j'étais fière de lui aussi.

Pour Gaëtan, il n'aimait pas l'école non plus et en plus ne savait pas ce qu'il voulait faire.

Il pensait vouloir être jockey, pour faire des courses de chevaux, mais quand on l'a emmené dans l'école pour ce domaine, il ne voulait plus, il fallait encore apprendre et ce n'était pas son but, il voulait travailler directement.
Donc, il a voulu faire un apprentissage en mécanique auto, une semaine d'école par mois, c'était suffisant pour lui.

Trois mois plus tard, il a rompu son contrat.

Donc Aurélien a réussi à le faire entrer dans son entreprise, là il avait l'air de s'y plaire plus, il avait un salaire et plus d'école.

On arrive en 2010, tous mes enfants était grand, soit il travaillait, soit ils étaient à l'école.

Les journées était longue seule dans la maison, je sentais que je repartais en déprime et m'étant promis de ne jamais retombée là-dedans.

Je me suis mise à sortir le samedi soir avec les enfants, voir ce que c'était un loto traditionnel, j'en entendais toujours parler, mais je ne savais pas comment cela se dérouler.

Cela me plaisait énormément.

En octobre 2010, je décidais d'en faire mon métier, s'il y en avait qui le faisait, pourquoi pas moi, et en plus c'est que les week-end, en semaine je pouvais m'occuper de mes enfants et je ramènerais un salaire en plus dans le foyer.

J'ai ouvert une association pour pouvoir démarrer dans ce domaine, et en plus les bénéfices seraient pour subvenir aux besoins de mes enfants et petits enfants malades.

A mon premier loto, j'étais gravement stresser, j'avais tout préparé avec des bénévoles, car seule c'est impossible de préparer, servir les clients, encaisser la vente des cartes et du bar et animer en même temps.

Au moment où le loto devait démarrer, je monte sur la scène, et là j'étais tellement angoisser de parler au micro devant tout le monde, que je ne savais plus par où commencer.

J'ai fini par me dire que je n'avais plus le choix, il était trop tard pour faire marche arrière.

Après ce loto, qui fut une réussite, un peu long quand même que le temps normal, je me suis mise à faire des démarches auprès des associations, clubs et autres pour pouvoir démarrer correctement dans ce domaine.

En 2011, j'ai réussi à trouver onze associations dans l'année, ce n'était pas beaucoup, mais c'était un début.

Mon frère Noël, me disait tu n'y arriveras pas dans ce métier, tu vas couler rapidement.

Et voilà, il recommençait à vouloir me détruire, Pourquoi lui serait patron et pas moi.

Je ne sais plus si c'est en 2012 ou 2013, que mon frère Noël m'appelle, et me demande de passer chez lui, il voulait me parlait en urgence, ce que je fis aussitôt comme il habitait à deux maisons de chez moi.

C'était pour m'annoncer, qu'il allait se faire opérer d'un cancer de la gorge, le même qu'avait eu notre père, mais que lui prenait le risque de ne plus parler, pour vivre plus longtemps.

Malgré toutes les mauvaises choses qu'il m'avait toujours dites, j'ai eu les larmes aux yeux, j'en avais mal et j'avais peur pour lui.

Mais c'était son choix, il voulait mon avis, je n'ai pas pu lui répondre, sauf que c'était à lui de décider, que je suivrais son choix.

Une fois opéré, je suis allée le voir à l'hôpital, les portes des chambres étaient toute ouverte, mais je suis passée à côté de lui sans m'en apercevoir.

Arriver au fond du couloir, je refais le chemin à l'envers, regarde mieux, et là je vois une main qui se lève et me fait signe.

C'était Noël, je ne l'avais pas reconnu tellement il était dévisagé, il avait le visage tout gonfler, cela m'a fait mal et je n'osais pas trop le regarder en face.

Il me parler en écrivant sur une ardoise, je retenais mon émotion pour ne pas qu'il s'en aperçoive.

Une fois sortie de la chambre, les larmes sont parties, il me faisait mal, je n'aurais pas pu vivre comme ça, et je me disais, j'espère qu'il ne regrettera pas ce qu'il vient de faire.

Une fois revenu chez lui, j'essayer de prendre le courage entre mes deux mains pour aller le voir le plus souvent que je pouvais.

Puis les années suivantes, je faisais de plus en plus de lotos, on m'avait dit qu'il fallait cinq ans pour en avoir tous les week-end, ce qui se fit plus vite pour moi.

Mon travail devait satisfaire, les associations parlaient de moi à d'autres, en fait ma publicité c'est faites par le biais de celles-ci.

Le 25 janvier 2015, jour d'anniversaire de ma première fille, mon mari m'appelle de son travail, pour me dire qu'il n'était pas bien qu'il rentré faire sa douche et se changer pour aller à l'hôpital.

Pour qu'il me dise cela, c'est que vraiment il n'était pas bien.

Je l'attendais avec impatience pour l'accompagner voulant savoir ce qu'il avait.

Arrivé à l'hôpital, je n'avais pas le droit de l'accompagner, le temps des examens, donc j'attendis dans le couloir.

Quand tout à coup, je le vis sur un brancard, il pleurait et me dit ''je suis transféré à Saint-lô" à cinquante kilomètres de chez nous, ''il n'y a pas de places ici ni à Avranches et les médecins veulent que je sois sous surveillance, ils pensent que je fais un infarctus".

Depuis que j'étais avec Daniel, je ne l'avais jamais vu pleurer, je me retenais, mais j'avais envie de pleurer aussi.

Le lendemain, il me dit par téléphone ''on me transfère à Caen, ils vont me mettre un Sten".

J'allais le voir tous les jours.

Au bout d'une semaine, il a été transféré à Avranches plus près de chez nous.

Quand je suis allée le voir, il était avec un autre patient qui était en train d'agoniser.
Je suis allée voir une infirmière et j'ai demandé à ce qu'il soit changé de chambre, ce qu'elle fit peu de temps après.

Quelques jours plus tard, quand il est sorti, il avait un rendez-vous à Caen, pour poser un deuxième Sten, car ses examens n'étaient pas bons.

Je suis allée avec lui pour l'accompagner.

Quand il a été appeler pour poser se Sten, on me dit d'attendre dans la salle d'attente, qu'ils n'en avaient pas pour longtemps.

Au bout de deux heures, ne voyant pas Daniel revenir, je vais voir une infirmière et lui demande pourquoi c'était si long.

Elle me répond ''ne vous inquiéter pas, il y a dû y avoir une urgence entre deux".

Je repars dans la salle d'attente.

Une heure plus tard, j'entends une voix d'homme qui demandait à l'infirmière où j'étais, je me suis levé d'un coup et j'ai demandé "pourquoi, ou est mon mari" ?

Il me répond ''venez dans mon bureau, j'ai à vous parler tout de suite, je n'ai pas beaucoup de temps".

Arrivée dans son bureau, il me dit ''votre mari est parti au bloc, je dois l'opérer d'urgence il a fait un arrêt cardiaque en mettant le Sten, et j'ai besoin de votre autorisation pour l'opéré".

Quand j'allais signer son autorisation d'opéré, il a mis sa main sur le document et me dit ''j'ai oublié de vous dire que cela va vous coûter mille cinq cent euro de votre poche".

Aussitôt j'ai répondu ''une vie n'a pas de prix", et j'ai signer en demandant si je pouvais le voir avant de rentrer chez moi.

Il me répond ''non, j'y vais maintenant, on ne peut pas attendre, appeler ce soir vers onze heures, pour prendre des nouvelles si vous voulez".

Donc je suis repartie en pleurant de toutes les larmes possibles, j'avais cent kilomètres pour rentrer chez moi, mais pas le choix.

Le long de la route, j'appelais tous mes enfants pour les prévenir, une de mes filles Audrey avait peur pour moi sur la route et voulait venir me chercher, je lui ai dit ''non ça va le faire, je vais mettre le temps qu'il faut mais je vais arriver à rentrer, je te rappelle en arrivant à la maison".

En arrivant à la maison, Gaëtan était là à m'attendre avec des amis, il me dit ''on reste avec toi, on ne va pas te laisser toute seule et on va te changer les idées", ce qu'il essaya.

Mais je n'arrêter pas de regarder l'heure pour prendre des nouvelles et ne cesser pas de pleurer, j'avais trop peur.

A onze heure pile, j'appelle et le médecin me dit "l'opération c'est bien passée, mais visite interdite pour le moment, on vous appellera quand cela sera autoriser, car pour l'instant il est branché avec un appareil qui le tiens en vie, et je ne peux pas me prononcer pour le moment".

Je prenais des nouvelles par téléphone plusieurs fois par jours, mais j'avais le sentiment que l'on ne me disait pas la vérité. Pourquoi je n'avais pas le droit d'aller le voir ?

Au bout de quatre jours, on me dit ''venez pour tel heure, on va débrancher votre mari, ça passe ou ça casse".

Non ce n'était pas possible, j'avais peur, j'allais peut-être assister au décès de mon mari ou pas, je vivais plus.

Mon fils Maxime s'est proposé de venir avec moi, ce que j'accepta, car je ne savais pas quel aurait été ma réaction sur place, en cas de décès.
Tout le long de la route des larmes coulaient, j'avais peur de perdre

mon mari.

En arrivant à l'hôpital, on nous a emmener en réanimation auprès de mon mari, nous sommes partis tous les deux en larmes quand on a vu tous les appareils qui été branché sur lui, et il n'avait pas l'air de réagir beaucoup en nous voyant et on voyait qu'il souffrait.

Quand le médecin est arrivé dans la chambre, il nous a demander si on voulait sortir ou rester dans la chambre, mais le moment était arrivé.

Je me suis mise auprès de Daniel, je lui ais tenue la main, en me disant ''bats toi, je suis là, auprès de toi, reste avec nous".

Quand le médecin a commencé à débrancher l'appareil qui faisait vivre Daniel, j'ai fermé les yeux en gardant l'espoir.

Et là, le médecin me dit ''c'est fait, je vais l'ausculter", et il dit ''votre mari est sauvé, rester avec lui si vous voulez, mais pas plus de dix minutes, il va être fatigué très vite, ne vous inquiétez pas, les infirmières vont venir le voir souvent pour voir l'évolution, et vous pouvez appeler quand vous voulez, même la nuit".

Nous sommes rentrés un peu plus soulager, mais on voyait encore tous ces appareils qui étaient rester branchés, dans notre esprit.

J'allais le voir tous les jours et toujours accompagner d'un des enfants.

Une fois sorti de réanimation, il était dans une chambre dans l'attente d'une place dans un centre de repos, pour un suivi de trois semaines.

Une fois, je me suis mise à saigner du nez à flot sans raison, Daniel s'inquiété pour moi, je lui dis ''ce n'est rien ne t'inquiète pas, c'est peut-être la fatigue, ce n'est pas grave".

Au bout d'une semaine, toujours pas de place, je prends l'initiative d'appeler ce centre, en leur disant que s'il ne trouvait pas de places dans les deux jours qui suivent, je faisais sortir mon mari de l'hôpital et qu'il rentrerait chez nous.

Comme par hasard, il avait une place et aller être transférer le lendemain.

J'étais fière de moi, on me le rapprochait de la maison, j'étais fatiguer des allers-retours donc plus près, serait mieux, et je voulais le voir tous les jours.

Il est resté trois semaines dans ce centre et se sentais de plus en plus mieux, j'étais contente, mon mari allait revenir en forme avec moi.

Pendant son absence j'avais demandé à mes enfants et un gendre de me refaire notre chambre à neuf.

Revenu à la maison, il était content.

Un mois et demi plus tard, j'avais des douleurs dans le cou, je touche celui-ci, je trouvais que mes veines était grosse au toucher, donc je vais regarder dans la glace de la salle de bain.

Comme de fait, elles étaient énormes et douloureuses, je fais voir à Daniel, qui me dit ''je t'emmène à l'hôpital, ce n'est pas normal".

Ceux-ci me font des examens et me disent, on vous garde cette nuit, et demain on vous transfert voire un ORL.

J'ai refusé, normal je suis pour hôpital de jour mais pas pour dormir, vu que je fume c'est interdit, donc non.

Ils ont fini par céder, et je suis sortie en faisant la promesse de me présenter à l'autre hôpital pour huit heure le lendemain matin, ce que je fis.

Là on m'annonce qu'il fallait que j'aille encore à un autre hôpital à cent kilomètres de la maison pour faire un prélèvement, on me donne un rendez-vous d'urgence pour le lendemain à celui-ci.

Ma fille habitant pas loin, me dit ''venez dormir à la maison ce soir, je vous emmène là- bas demain matin, ce n'est pas facile à trouver, quand on ne connait pas", ce que j'acceptais.

Le lendemain matin, je me lève et descend dans la cuisine pour déjeuner, et là ma fille se mets à dire ''maman, qu'est-ce qu'il t'arrive, tu as vu", je lui dis ''qu'est-ce que j'ai", elle me répond ''va te regarder dans la salle de bain, tu es gonflée".

Je remonte à l'étage, me regarde dans la salle de bain et horreur, mon visage était gonflé et irregardable, je ne me reconnaissais même pas.

Les larmes sont parties, que m'arrivait-il ?

Je ne pouvais pas sortir comme ça.

Ma fille me dit ''pas le choix, faut que tu ailles à ton rendez-vous, tu mets ton écharpe sur une partie de ton visage, mais faut savoir ce que tu as".

Arriver à celui-ci, on attendait dans la salle d'attente, j'avais l'impression que les autres personnes me dévisager, j'avais hâte que ce soit mon tour, pour passer et pour repartir.

Quand je suis arrivée dans le bureau du spécialiste, il me dit ''je vous hospitalise, demain matin, vous passerez la première au bloc opératoire, il faut que l'on fasse un prélèvement, on va ouvrir votre gorge pour le faire, ne vous inquiétez pas vous sortirez le lendemain.

J'ai regardé Daniel en me disant ''ne me laisse pas ici", mais non il voulait savoir ce que j'avais, donc il me dit ''je vais rester chez Michèle, je viendrais te voir demain après-midi".

Il est resté avec moi dans la chambre jusqu'en début de soirée, puis il est parti, il en avait gros, et vu ce qu'il venait d'avoir, fallait qu'il se repose, je le comprenais.

Il savait que je ne voulais pas être hospitaliser, mais là je n'avais pas le choix.

Le lendemain, il est venu me voir avec Michèle et son ami et Audrey qui a voulue venir aussi.

J'avais du mal à parler, et quand j'ai vu leurs têtes en me voyant, je me suis levée avec de l'aide, en prétextant vouloir aller aux toilettes, et quand j'ai vu la cicatrice dans la glace, je me dis ''j'espère qu'elle va disparaitre, c'est horrible".

Une fois que je me suis retrouvée toute seule, je me suis remise à pleurer, on ne m'avait pas encore dit ce que j'avais, et je devais encore dormir une nuit ici, moi qui ne supporte pas cela.

Ne trouvant pas le sommeil, je finis par demander un médicament pour pouvoir dormir, mais surtout pour le temps encore à passer ici, passe plus vite.

Le lendemain matin, je demande à l'infirmière vers quelle heure je sortais et elle me dit ''je pense que se sera possible une fois que vous aurez vu le médecin".

J'appelle Daniel et je lui dis ''je vais sortir tout à l'heure, je me prépare", il me répond ''je me prépare et j'arrive".

Enfin je vais rentrer, deux jours interminables, mais surtout j'allais pouvoir fumer ma petite cigarette.

Daniel arriva rapidement, mais fallait attendre le médecin.

Le médecin arriva et me dit ''vous pouvez rentrer chez vous, j'aurais les résultats dans quinze jours, je les envois au médecin concerné qui vous les communiquera".

L'attente du résultat fût longue, jusqu'à ce que l'on m'appelle en mai 2015, pour me donner un rendez-vous le lendemain matin à l'hôpital près de chez nous.

Daniel est venu avec moi, il voulait savoir aussi.

Et là, une oncologue vient nous voir et nous as emmener dans son bureau.

Elle se mets à nous dire ''j'ai vos résultats, j'avoue que ce n'est pas bon, vous avez un cancer du poumon à petites cellules non opérable".

Ce fût un choc pour moi, je lui demande directement ''soyez honnête avec moi, j'en ai pour combien de temps encore à vivre".

Et là, elle me répond ''entre quatre à six mois, mais vous êtes jeune, il faut vous battre et garder l'espoir, si vous êtes prête on peut commencer la chimiothérapie dès demain matin en hôpital de jour, pendant deux jours, toutes les trois semaines, cela va être dur à supporter, si vous trouver que c'est trop dur, on changera le traitement en moins fort".

J'ai regardé Daniel qui voyait que je retenais mes larmes et je dis ''ok, on commence demain".

Revenue à la maison, je suis partie en grosses larmes, j'allais laisser Daniel qui avait besoin de moi, et ma famille, comment j'allais l'annoncer à mes enfants.

Ils sont tous venus à la maison me voir et me voyant pleurer, ils se sont douter que c'était grave.

Daniel leur a dit ce que j'avais, Aurélien m'a regardé et me dit ''maman, tu vas te battre, tu vas être grand-mère et je veux que mon enfant te connaisse, on sera toujours près de toi, on va t'aider et te soutenir.

Il m'a redonné le sourire, et là j'ai répondu ''oui, je veux connaitre ce bébé, oui je vais me battre, mais je ne peux pas vous promettre que je vais m'en sortir, mais sachez que je vous aime tous. Maxime s'est éclaté en sanglots, je l'ai pris dans les bras et je lui ai fait comprendre qu'il ne fallait pas qu'il s'inquiète, que j'allais me battre et que je serais là s'il avait besoin de moi.

Madison n'avait que treize ans et n'était pas proche de son père, et une de ses sœurs Audrey, se mets à dire ''elle va venir chez-moi si tu nous quitte, je finirais de l'élever".

J'ai levé le ton et je lui ai répondu ''elle aura encore son père, c'est à lui de l'élever pas toi, et je l'autorise à refaire sa vie dans ma maison s'il le souhaite, il est encore jeune".

Audrey me dit ''il refait sa vie, s'il veut, mais pas ici".

Je l'ai regardé et dit ''demain je vais faire ma première chimio, ensuite je vais prendre rendez-vous au notaire et à la banque, c'est moi qui décide, pas toi, je donne tous mes biens à Daniel, il n'aura pas le droit de vendre, mais il aura le droit de vivre avec quelqu'un d'autre chez moi, et avec ta petite sœur, qui est sa fille, c'est ma volonté, et puis pour le moment, je suis encore en vie".

Sur ces mots, Audrey est partie de la maison, sans dire au-revoir à personne, elle n'acceptait pas ce que je venais de lui dire.

Le lendemain, Daniel m'emmène à l'hôpital pour ma première chimio en perfusion, dont trois produits différents.

En arrivant, ils nous ont offert le café avec des petits gâteaux à tous les deux, puis on dit à Daniel ''vous venez la rechercher vers dix-sept heures et demain matin vous la ramener pour huit heures".

Au début du traitement, j'avais l'impression que j'allais faire un malaise, j'avais des vertiges, mais on m'a dit que c'était normal, que le traitement était fort et que j'allais être fatiguée, qu'il fallait que je me repose au maximum et arrêter de travailler.

Pas évident pour moi, j'avais un loto à animer deux jours plus tard, dont une de mes filles, Emmanuelle, est venue le faire pour moi, mais j'étais présente sur une chaise longue car j'étais très fatiguée, je ne pouvais rien faire, j'avais du mal à tenir debout.

Un mois plus tard, je commençais à perdre mes cheveux, je n'acceptais pas, devenir chauve, surtout que j'avais les cheveux longs, ce n'était pas possible.

Donc on est allé chez la coiffeuse, qui me dit ''se sera moins dur pour vous de venir les couper court, et on peut vous vendre une perruque cheveux mi- long, personne ne verra rien", ce que j'accepta, pas le choix.

Deux à trois mois plus tard, je n'avais toujours pas revue Audrey, cela me faisait mal, j'en parle à la psychologue de l'hôpital qui me dit ''ne vous en faites pas, elle reviendra d'elle-même, elle a peut-être peur de vous revoir et n'accepte peut-être pas votre maladie, elle reviendra, faut être patiente et il faut vous occupez de vous surtout".

Daniel et moi ne travaillant plus, on ne pouvait plus payer les crédits soit sept-cent soixante euros, et par la sécurité social, Daniel avait le droit à neuf cent euros et moi étant autoentrepreneur, rien.

Donc je suis allée voir une assistante sociale pour demander de l'aide, on avait les études de Madison à payer, les assurances voitures, maison, mutuelle, l'EDF, le téléphone, mettre de l'essence dans la voiture pour aller faire mon traitement de chimio et les examens, manger, on y arrivait plus, les huissiers commençaient à frapper à la porte, ce n'était pas vivable.

Celle-ci nous avait réussi à avoir une aide de cent-cinquante euro et la banque alimentaire, auquel je n'y suis allée qu'une fois, car pour avoir trois steaks hachés et yaourts périmés pour manger pendant une semaine, on se moquait de nous.

Suite à cela, pour pouvoir manger correctement, j'avais arrêté de payer tous les crédits et continuer à payer le plus important, assurances, mutuelle, gasoil, EDF, téléphone et nourriture.

Nous n'avions rien dit aux enfants, ils avaient leur vie à assumer aussi.

Le premier septembre 2015, je fus comblée, Aurélien venait d'avoir sa petite fille, je me suis dit, je l'aurais connu avant de partir, et mon fils me dit ''maman, continue à te battre pour la voir grandir".

Je lui dis ''oui, ne t'inquiète pas, je suis encore là".

En septembre 2015, on me dit ''on va vous faire maintenant de la radiothérapie, avec la chimiothérapie, pour que ce soit plus efficace".

Fin octobre 2015, on avait fini le traitement, on me dit ''vous allez venir souvent pour surveiller l'évolution de votre cancer", je demande si je pouvais reprendre le travail, on me répond ''non, pas pour l'instant".

Ayant trop de crédit en retard et ne voulant pas perdre ma maison, j'ai repris le travail contre avis médical, je n'avais pas le choix, je m'étais battue pour garder ma maison, ce n'était pas pour la perdre ensuite, surtout pour cause maladie.

Donc j'ai repris le travail avec l'aide, soit de mes filles, soit avec des amis, c'était super.

J'allais retrouver de l'argent et négocier avec les maisons de crédits pour rembourser le retard avec les traites qui arrivaient, mais il fallait que j'y ailles à fond, ne pas regarder la fatigue, il fallait que l'on s'en sorte.

La chance fut avec moi, j'avais augmenté mon chiffre d'affaires, j'avais de plus en plus de demande, et je travaillais à taux plein, heureusement j'avais de l'aide, sinon je n'aurais pas pu le faire toute seule.

Début novembre, Audrey est revenue à la maison, j'étais soulager, mais je ne lui ai rien dit sur son absence, je ne voulais pas qu'elle le prenne mal et reparte.
Fin d'année 2015, j'étais contente mes cheveux commençaient à repousser.

En février 2016, je reçois un appel de l'hôpital, pour me donner un rendez-vous pour refaire une radiothérapie au cerveau par précaution.

Arriver à ce rendez-vous avec mon mari, on nous prend dans un bureau pour nous dire ''cette radiothérapie n'était pas prévue, vous n'êtes pas obligée d'accepter, mais c'est une précaution au cas où une cellule serait montée au cerveau, car votre cancer était à petites cellules, cela ne va pas durer longtemps, vu que c'est préventif, mais c'est préférable".

Ce médecin rajoute ''vous êtes encore jeune, et j'ai oublié de vous dire qu'il ne faudra pas conduire pendant six mois après les séances".

J'accepta à contre cœur, mais j'avais promis à mes enfants que je ne prendrais aucun risque, pour survivre le plus longtemps possible.

Pour la première radiothérapie, je mettais faite toucher contre le feu, pour ne pas être brûler, et à celle-ci, croyant avoir fini mon traitement et ne m'attendant pas à cette suite, j'ai omis de le faire.

A ma première séance, les infirmiers me disent ''vos cheveux ont bien repoussé", je dis ''oui, je suis contente".
Mais à la fin des séances, je me suis mise à reperdre mes cheveux beaucoup plus vite que la première fois, en faisant mon shampooing, cela venait par poignet dans ma main, comme si je

plumer un poulet, je me suis mise à hurler, j'étais complètement chauve, on ne m'avait pas prévenue.

Je l'ai très mal accepté et en plus j'avais le crâne brûler, c'était atroce et insupportable.

Obliger de remettre ma perruque, que je ne supportais plus avant, mais pas le choix.

Quatre mois plus tard, oui j'étais encore là, malgré que l'on m'eût dit que je vivrais que six mois maximums, on me fait un scanner et IRM pour voir ou en étais mon cancer.

On m'annonce que je n'avais plus rien que j'étais en rémission, donc contrôle tous les quatre mois au début.

Je n'en revenais pas, j'étais presque sauvée, j'avais réussi à combattre cette maladie, mes enfants étaient heureux d'apprendre cette nouvelle.

Mais, si j'ai réussi c'est grâce à eux et mon mari, qui ont toujours étaient à côté de moi et à me soutenir, je leur dois la vie.

Sans eux, je ne serais plus là.

Les contrôles se sont poursuivis deux fois par an, et rien de revenu.

Ensuite une fois par an, pour le restant de ma vie, normalement, sauf s'il y a une récidive bien sûr.

Depuis, je fais des malaises de temps en temps, on me découvre une ostéoporose importante, mais pas de traitement, et on me dit pour les malaises cela va passer avec le temps.

En début 2019, Emmanuelle ne s'entendait plus avec son concubin, elle me demande si elle pouvait revenir à la maison avec ses enfants, le temps de retrouver un logement.

C'est ma fille, malgré ce qu'elle avait fait plus jeune, je ne pouvais pas lui dire NON.

Un ou deux mois après, elle allait passer ses week-end chez son ex afin de le reconquérir, cela avait l'air de bien se passer.

Pendant un week-end, Michèle est rentrée en urgence à l'hôpital, comme Emmanuelle était avec son ex, je lui téléphone pour lui demander si elle pouvait restée une journée de plus avec lui, de façon à ce que je prenne les enfants à Michèle pour qu'ils ne soient pas tout seul.

Celle-ci est revenue ne furie à la maison, en me disant ''on pouvait dormir à six dans la chambre".

Je lui réponds ''ce n'est pas une ou deux journées que je te demande de rester avec ton ex, vous avez l'air de bien vous réentendre, et il n'est pas question de vous mettre à six dans la même chambre et dans le même lit, si j'ai un contrôle, tes neveux seront placés et ta sœur n'apprécierait pas ce qui serait normal.

Emmanuelle est montée en colère et finie par me dire "ben je prends mes affaires et je pars puisque tu me mets dehors avec mes enfants".

Je lui dis ''je ne te mets pas dehors, mais comme tu t'entend bien avec Nicolas, je te demande de rester chez lui le temps que Michèle est hospitalisée".

Et elle est partie en disant ''je te remercie de me mettre dehors".

Ce qui était faut, donc comme elle s'est amusée à dire à beaucoup de personnes que sa mère l'avais mise à la rue avec ses enfants et l'ayant appris, je lui ai interdit de remettre les pieds chez moi, vu que ce qu'elle disait était encore faux.

En août 2019, Aurélien me propose d'aller en vacances une

semaine, avec lui dans un camping au bas de la France, j'ai accepté, j'avais besoin de changer d'air.

Ses vacances étaient géniales, les passées avec trois de mes enfants c'était super, je ne les remercierais jamais assez, se fût court mais très appréciable et m'a fait beaucoup de bien.

En décembre 2019, je décide d'arrêter de travailler suite à un malaise sur la scène en animant un loto et auquel une personne de la salle, m'a traité d'alcoolique, alors qu'elle ne connaissait pas mon passé, ni pourquoi je suis tombée.

Ce jour-là, je me suis relevée et je lui ai dit ''pour une personne qui ne boit que du café, je vous remercie pour votre commentaire".

Suite à cet incident, j'étais démoralisée par ce comportement de cette personne, ma fille ainée cherchant du travail, je lui ai proposé de prendre la relève si elle le désirait, ce qui fût le cas comme elle recherchait du travail.

Ma fille a commencé ma relève en janvier 2020, bien sûr, je continuerais à l'aider et à la suivre, car je ne peux rester à rien faire, et pendant qu'elle anime les lotos, je suis en tant que joueuse dans la salle, ce qui me convient également.

Dans la semaine, n'ayant plus rien à faire, vu l'arrêt des lotos pour ma part, j'ai proposé à mon fils Dylan de lui garder ses enfants en semaine, ce qui lui éviter de prendre une nourrice et de perdre de l'argent, alors que moi, cela aller m'occuper et c'était gratuit, ce qui lui ferait des économies.

Et à Aurélien, je lui ai proposait pour sa fille aussi, je l'emmener à l'école tous les matins, qui était auprès de chez moi, et j'allais la chercher le lundi soir.

J'étais comblée, j'avais trouvé une autre activité, gratuite, mais cela occupée mes journées.

En mars 2020, voilà que l'on nous découvre la maladie du Covid 19, donc plus de lotos, obliger de rester à la maison, sauf pour raison médicale et les achats pour pouvoir s'alimenter bien sûr.

Les week-end furent long, heureusement que je m'occupais de mes petits-enfants et que je voyais toujours mes enfants, ce qui m'a aidée à éviter une dépression, car ne plus voire personne, aurait été atroce.

On arrive en Janvier 2021, cela faisait six mois que je reparlais à mon frère Noël, qui habitait toujours auprès de chez moi.
A son anniversaire, en décembre précédant, je lui ai envoyé un message pour ses soixante-quatre ans, cela faisait six ans que je ne lui avais pas souhaiter.

Mais quatre jours après, il est parti en urgence à l'hôpital, pour ne jamais revenir, il est décédé deux semaines plus tard, tout seul, à cause des visites interdites suite au Covid.

Malgré que j'ai été six ans sans lui parler, j'ai eu beaucoup de chagrin et j'ai regretté de ne pas lui avoir pardonné tout le mal qu'il m'avait fait plus vite.

Je m'en suis voulue, pour au final, apprendre par ses filles, qu'en fait tout ce qu'il dit m'avait fait ou dit depuis le décès de notre père, c'était pour me protéger.

Il savait en lui-même que dans tous ce qu'il me disait de méchant que je me fâcherais avec lui et que je ne lui parlerais plus, mais la dernière fois fût la plus longue.

Or, il savait que je ferais tout le contraire pour lui prouver l'inverse de ce qu'il me disait et c'est ce qu'il voulait, au détriment de nous fâcher.

Je l'aurais su plus vite, ou avant son décès, je n'aurais pas été aussi dure avec lui, je ne me serais peut-être jamais fâchée avec lui.

Mais me serais-je battue pour lui prouver que je pouvais y arriver, je ne sais pas.

Maintenant que je sais quelle été sa façon d'agir et que cela été pour me protéger, je vis dans les regrets et quand je pense à lui, des larmes coulent.

Je m'en veux tellement de ne pas avoir compris sa façon de faire et cela depuis toujours.

Ses filles le connaissaient comme ça, il avait agi de la même façon avec elles, mais elles, elles le savaient et ne disaient rien.

Alors que moi, je ne lui parlais plus.

C'est dur de ne pas avoir su connaitre son frère, ou de comprendre tout ce qu'il m'avait fait toute ma vie, une fois qu'il est quitté ce monde.

Je m'en voudrais longtemps, à savoir si j'oublierais un jour, on a gâché tant d'années, pour se connaitre mieux, enfin moi car lui me connaissait bien pour me faire cela.

En sachant tout cela maintenant, je me demanderais souvent, s'il n'en a pas souffert pour ma sécurité, il n'aurait pas dû.

Deux mois plus tard, toujours des contrôles, de souffle et pneumologie.

Celle-ci me dit ''faut vous faire vacciner pour le pneumocoque pour éviter une pneumonie, avec cette maladie arriver en France cela peut vous être fatal si vous vous protéger pas, vos poumons ne sont pas jolis et vous avez beaucoup de risques, allez voir votre médecin rapidement et un ORL, vous avez une boule blanche dans la bouche, avec vos antécédents faut prendre aucuns risques".

Je lui réponds ''j'ai rendez-vous juste après vous avec lui".

Donc, elle me fait un courrier aussitôt pour lui donner et me donne une ordonnance.
J'arrive chez mon médecin qui me répète la même chose et me rajoute ''il faudrait vous faire vacciner aussi pour le Covid.

Je lui dis ''je suis anti-vaccins".

Il me dit de réfléchir.

En rentrant à la maison, je n'avais plus le moral.

Est-ce que je vais avoir un autre cancer comme mon frère, car j'avais des douleurs entre l'oreille et le cou comme lui.

En y pensant, j'envoie un message à tous mes enfants et je leur mets que j'étais fatiguée, que si les résultats d'examens me disaient que j'avais un autre cancer comme celui de mon frère, je ne me ferais pas opérée comme lui, je préférais quitter ce monde et rejoindre les personnes que j'ai le plus aimer à part mes enfants et mon mari bien sûr.

Mes enfants ont tous eu la même réponse, bats-toi encore pour nous, on est là avec tes petits enfants, tu dois les voir grandir.

Je les comprends, ils veulent me garder le plus longtemps possible, mais j'en peut plus de me battre, et si c'est pour vivre quelques années de plus et souffrir comme mon frère ''NON".

Je rajoute, je vais faire les examens, on verra après.

Le lendemain, je prends un rendez-vous avec l'ORL qui me donne celui-ci un mois et demi après.

Je rappelle mon médecin pour lui dire, celui-ci me répond ''c'est trop loin, je vais rappeler pour leur dire que c'est urgent et faire avancer votre date de rendez-vous".

Par la même occasion, je prends un rendez-vous avec lui pour au moins faire le vaccin du pneumocoque.

Quatre jours plus tard, je vais le faire, il voulait le faire rapidement de peur que je change d'avis, il connaissait mon caractère.

Quand il me fit celui-ci, il me dit ''cela ne vous fait pas mal".

Je lui réponds ''je sais, mais je n'aime pas les vaccins, mais je sens quand même le produit".

Le médecin me dit ''vous avez mal" ?

Je réponds ''ce n'est pas le fait de piquer, c'est le produit une fois injecter qui me donne une douleur".

Il me répond ''prenez un doliprane en rentrant, cela se passera".

De retour à la maison, j'ai pris ce qu'il m'a dit et je suis allée me coucher, j'avais trop mal.
Toute la nuit, j'ai mal dormi.

Une fois levée, je ne bougeais plus mon bras.

Je regarde sur internet pour les effets secondaire de ce vaccin et bingo c'était ce que je ressentais, je ne pouvais pas le lever.

Mais pour mes enfants, je ferais quand même le rappel qui est prévu deux mois plus tard.

Le lendemain, j'emmène un de mes chiens ''Haribo" au vétérinaire, car ma dernière fille '' Madison" est toiletteuse et m'a dit qu'il avait deux grosses boules, qu'il fallait le faire voir.

Verdict, mon chien avait un cancer bien avancé, même si que le début, elle me dit qu'on n'aurait rien pu faire.

Celle-ci me donne de la cortisone à lui donner deux fois par jour pendant dix jours puis un jusqu'à la fin de sa vie.

Madison n'acceptait pas cela, je lui ai dit ''c'est comme un humain, on essaie de les soigner, et quelque fois les médecins n'y arrivent pas''.

Elle me répond ''mais là, elle ne fait rien, de la cortisone pour ne pas qu'il souffre, pourquoi pas de la chimio'' ?

Le vétérinaire lui dit ''c'est énormément cher et en plus cela ne se fait pas ici mais au minimum à cent kilomètres d'ici, pour en fait ne pas savoir si on pourrait le sauver, son cancer est bien avancé et plusieurs ganglions. On peut seulement le soulager pour ne pas qu'il souffre''.

Ma fille lui demande ''il en a pour combien de temps encore à vivre'' ? Elle lui répond qu'elle ne savait pas exactement, mais que c'était proche, quand il aura plus d'appétit, faudra lui ramener pour l'euthanasier se sera la fin.

Ce que Madison n'accepta pas bien sûr.

Au bout de quinze jours, Haribo avait l'air d'être mieux, il avait grossi, il mangeait plus qu'avant et Madison vérifié ses ganglions qui avaient l'air de diminuer un peu, puis rester stable.

Un peu plus tard, Michèle m'appelle pour que j'aille donner à manger au dernier de ses enfant et le mettre au collège ensuite car elle était en rendez-vous à Rennes avec son ainé et ne serait pas rentrée.

Je lui dis "pas de soucis, il faut seulement que je sois rentrée à la maison pour quatorze heures, Daniel va attendre que je rentre il doit partir et pendant que je serais chez toi il va me garder les petits''.

Elle me répond ''donc ça va le faire Staël repart à l'école pour 13h45''.

Une fois fait, je ferme sa maison et monte dans ma voiture pour rentrer à la maison, quant à cet instant, je suis prise d'un malaise, ce qu'il m'arrivait souvent mais jamais au volant, pas le choix, je devais rentrée, Daniel m'attendait pour partir.

Je ne voyais rien ou presque rien, j'avais peur d'avoir ou de provoquer un accident, mais pas le choix, je n'avais que deux kilomètres à faire, il fallait que cela se fasse.

J'ai mis vingt minutes pour rentrer, avec du mal, en plus voyant que je roulais tout doucement, une voiture n'arrêtait pas de klaxonner voyant que je n'avançais pas.

Enfin, je suis rentée à bon port, Daniel m'attendait au seuil de la porte.

Le soir même, je refais un autre malaise.

Le lendemain, je dis ''je veux plus conduire, j'ai peur que cela me reprenne en conduisant, j'ai eu trop peur''
Depuis ce jour, je demande à mon mari, ou à mes filles Michèle et Madison si elles peuvent m'emmener pour faire mes courses ou aux rendez-vous médicaux.

En juin, je n'en pouvais plus, j'avais du mal à m'habiller, en me baissant, je me suis casser une côte, ce n'était plus possible.

J'en parle à mon médecin qui me fait refaire des examens rapidement.

Celui-ci m'a détecté une ostéoporose très importante, et l'on me dit de ne plus rien faire cela risque de me faire une fracture à n'importe quel moment.

Ce n'est pas possible, je ne peux pas vivre sans rien faire, ce n'était pas moi, ce n'était pas ce que je faisais auparavant.

Quelle serait mon avenir ?

En plus pas de traitement pour cela car c'est irréversible.

Ayant fini les vaccins pour la pneumonie, et ayant attendue le délai entre chaque vaccin, je décidais de faire le premier vaccin du Covid, pour celui-ci j'ai eu mal au bras pendant trois jours et beaucoup de fatigue.

Le onze août, je fais le deuxième, et je n'ai rien eu à part le mal de bras mais moins longtemps.

Le dix-huit août, je remmène mon chien Haribo au vétérinaire, je le trouver mal, il avait l'air d'étouffer, je voulais savoir où en été son cancer.

En arrivant chez celui-ci, mon chien ne voulait pas rentrer, alors qu'avant, il y rentrer sans rien faire, il devait sentir que quelque chose aller lui arriver.

Celui-ci me dit ''votre chien à un cancer qui s'est généralisé à dix-sept endroit, on peut essayer une chimio toutes les semaines mais cela coûte très cher, voir cent- cinquante euro par semaine, plus les prises de sang régulièrement et des médicaments, mais je ne peux pas vous promettre de le sauver, il est trop atteint et là il souffre, je vous conseille plutôt de l'euthanasier le plus vite possible, pour abréger ses souffrances''.

Je pris la décision avec Madison de dire ''si vous pensez ne pas le sauver en faisant de la chimio, autant abrégé ses souffrances''.

Je regarde Madison qui me répond en grosses larmes, alors que moi je me retenais sachant comment elle allait réagir ''oui, on n'a pas le choix''.

Elle se mis à embrasser Haribo et le vétérinaire me dit ''je l'endors, je vous laisse un peu de temps avec lui pour lui dire adieu, ensuite je le piquerais, voulez-vous être présent'' ?

On a dit oui toutes les deux.

Une fois que l'ont été prête, il lui fit sa dernière piqure, il l'ausculte et dit ''il s'en va''.

Madison avait toujours sa main sur lui et dit ''non, il respire encore''.
Le vétérinaire l'ausculte encore une fois et dit ''vous avez raison, il est entrain de lutter, je vais faire une deuxième piqure pour être sûr''.

Fin du mois d'août, Aurélien me propose d'aller en vacances avec lui, ce que j'accepta, puisque j'avais mes vaccins de fait, pour avoir le pass-sanitaire, il fallait que je me change les idées encore, ailleurs qu'à la maison.

Sauf que cette année j'ai trouvé cela moins bien qu'il y avait deux ans, rien à visiter autour, donc pas intéressant, mais avec cette maladie qui court toujours en France, c'était restreint aussi.

Je reprends un peu à conduire mais pas plus de deux kilomètres, si je dois aller plus loin, je préfère continuer à demander, malgré que je me demande si je ne suis pas un fardeau pour eux, donc j'essaie de bouger le moins possible.

Pour finir ce livre, je voulais dire que malgré cette vie que j'ai vécue, je suis très fière de mes enfants.

A ce jour, Michèle est à son compte suite de ma relève comme animatrice de lotos, Emmanuelle ne me parle toujours pas, donc je ne sais pas ce qu'elle devient, et c'est triste à dire mais je m'en porte pas plus mal, Audrey travaille à Leclerc et s'y plait, Maxime est devenu chef d'équipe en maçonnerie, Aurélien est devenu chef d'entreprise en ravalement, Gaëtan est dans un métier qui lui plait en conducteur d'engin, Dylan est devenu chef d'entreprise en paysagiste et DJ et Madison est en train de faire les démarches pour se lancer comme chef d'entreprise dans son domaine de toilettage.

J'ai peut-être eu huit enfants qui font tous la fierté de leur maman car ils ont tous du travail et je leur souhaite un très bel avenir à tous et vivre mieux que moi.

Je leur souhaite tous le bonheur du monde.

Voilà ce qu'à ce jour j'ai vécu en espérant finir ma vie dans des meilleurs conditions, et enfin être un peu plus heureuse, car connaitre les maladies, ou les violences, vous détruit.

Je conseille aux personnes qui lieront ce livre de ma vie sur cette terre, que ce soit famille ou autre, et qui ont eu des soucis dans leur vie comme moi, d'écrire comme je viens de le faire.

Je peux vous certifiez que cela nous apaise une fois tout sorti de votre esprit.

Il m'arrive d'y penser encore mais j'en souffre moins.

Car moi, je vivais dans des angoisses permanentes toute ma vie et maintenant, je pense que je vivrais moins dans le stress, et j'espère maintenant vivre le plus longtemps possible auprès de ma famille, avec des jours heureux.

Surtout qu'eux, ainsi que mon mari n'ont jamais su ce que j'ai vécue surtout au début de mon existence et s'ils lisent tous ce livre, j'espère qu'ils me pardonneront pour tous ces secrets que j'ai toujours gardés en moi.

Printed by Books on Demand GmbH, Norderstedt / Germany